LA FRANCE

ET

LA RÉVOLUTION

PAR

UN HOMME D'ÉTAT

> Les sociétés en dissolution se sauvent par l'autorité (quand elles se sauvent) ; elles ne se sauvent jamais par la liberté.
>
> (MONTESQUIEU.)

PARIS
GARNIER FRÈRES, LIBRAIRES-ÉDITEURS
6, RUE DES SAINTS-PÈRES, ET PALAIS-ROYAL, 215

1872

LA FRANCE

ET

LA RÉVOLUTION

PARIS. — IMP. SIMON RAÇON ET COMP., RUE D'ERFURTH, 1.

LA FRANCE

ET

LA RÉVOLUTION

PAR

UN HOMME D'ÉTAT

> Les sociétés en dissolution se sauvent par l'autorité (quand elles se sauvent); elles ne se sauvent jamais par la liberté.
>
> (MONTESQUIEU.)

PARIS

GARNIER FRÈRES, LIBRAIRES-ÉDITEURS

6, RUE DES SAINTS-PÈRES, ET PALAIS-ROYAL, 215

1872

LA FRANCE ET LA RÉVOLUTION

INTRODUCTION[1]

Si la France ne veut pas périr, il faut qu'elle apprenne enfin à se connaître.

C'est faute de se connaître que, au lendemain de chacune de ses révolutions, elle accuse de ses maux le gouvernement de la veille :

Elle accusait l'ancien régime, en 1792, au lendemain de la proclamation de la république et en pleine terreur ;

Elle accusait la république et la terreur, en 1799, au 18 brumaire et à l'avénement de Napoléon Ier ;

[1] L'auteur a autorisé la publication anticipée et séparée de l'*Introduction* de son livre, en attendant la publication du livre tout entier qui doit avoir lieu prochainement.

Elle accusait le 18 brumaire et Napoléon Ier, en 1815, après la rentrée des Bourbons;

Elle accusait les Bourbons, au lendemain de 1830 et au jour de l'avénement des d'Orléans;

Elle accusait 1830 et les d'Orléans, au 24 février 1848 et après la proclamation de la république;

Elle accusait le 24 février et la république, après le 2 décembre 1851 et à l'avénement de Napoléon III;

Elle accusait le 2 décembre et Napoléon III, au lendemain du 4 septembre 1870;

Elle accuse aujourd'hui le 4 septembre et le maudit;

Qui accusera-t-elle demain ?

Quand s'accusera-t-elle elle-même ?

Elle n'a jamais cru, elle n'a jamais voulu reconnaître que c'était elle, elle seule, qui s'était trompée, qui avait commis des fautes. Elle n'a jamais cherché en elle, en elle seule, la cause de ses mécomptes et de ses ruines. Elle n'a donc pas cherché à se corriger; elle est restée incorrigible; elle a continué ses révolutions et ses chutes; elle est devenue la nation qui a fait le plus de révolutions, de constitutions, de déclarations de droits; elle est devenue en même temps la nation la moins constituée, la plus désorganisée, la plus désunie, la plus abaissée, la plus menacée d'une prochaine et irrémédiable dissolution ; cela ne l'éclaire pas encore. Elle accuse toujours; elle accuse tout et tout le monde, excepté elle-même !

Une telle infatuation doit finir, ou c'est la France qui finira. Il faudrait désespérer d'elle si les malheurs de 1870-1871 ne faisaient pas enfin tomber le bandeau de ses yeux et ne lui montraient pas que son véritable ennemi, c'est la Révolution, c'est-à-dire elle-même. Continuant, dès lors, de ne pas se douter que son mal est dans son esprit révolutionnaire, elle ne le combattrait pas, elle ne s'en guérirait pas; elle en mourrait. Qu'elle lise donc dans la clarté de la foudre! Qu'elle sache y voir que l'auteur de ses désastres, de sa déchéance, c'est la Révolution, c'est-à-dire elle-même; qu'elle se résigne à l'aveu qu'en 1870-1871, elle a été encore plus vaincue par la Révolution, c'est-à-dire par elle-même, que par les armes prussiennes.

La guerre de 1870 n'a été qu'un accident; elle n'a été qu'un mal aigu auquel sont sujettes toutes les nations, mais dont les nations ne meurent pas. Toutes ont eu leurs alternatives de victoires et de revers. Le mal organique dont nous sommes menacés de mourir, c'est la Révolution.

La révolution du 4 septembre a compliqué d'une question politique ce qui était, ce qui devait rester une question exclusivement nationale. C'est là son crime.

Lorsque la patrie est en danger et son sol envahi, elle ne doit avoir qu'une pensée : sa délivrance. Pour que cette pensée soit le salut et enfante des prodiges, il faut qu'elle soit seule à remplir l'âme de la nation ; elle doit y régner seule et sans partage ; elle est alors le patriotisme, la fureur, la foudre, parce qu'elle est toute à vaincre ou à mourir, parce qu'en dehors d'elle, il n'y a rien, absolument rien qui la retienne, l'inquiète, la détourne et puisse être une diversion.

Au contraire, elle devient inféconde et impuissante si, à côté d'elle, surgit et entre en concurrence avec elle une autre pensée, une autre préoccupation. Aussitôt, les efforts se divisent ; ils ne se concentrent plus sur un seul but ; un autre but les appelle. Les esprits ne sont plus tout entiers à la défense du territoire ; ils sont en même temps à d'autres devoirs ; ils sont la proie de douleurs et d'appréhensions qui les attirent et les retiennent dans d'autres directions. La haine de l'étranger n'est plus la seule haine ; il y a d'autres haines. Ce n'est plus, dans les volontés, dans les dévouements, la même énergie, le même élan, parce que ce n'est plus contre un seul objectif que cette énergie est excitée et se dépense ; elle est excitée et se dépense contre plusieurs objectifs à la fois.

Pendant ce temps, l'invasion avance toujours ; on en

triompherait si ce n'était que contre elle qu'on eût à lutter; mais il y a d'autres périls contre lesquels il faut lutter aussi. Il est bien près de sa déchéance, de sa ruine, le pays qui, vaincu mais non soumis encore, ne peut pas disposer, contre son vainqueur, de tout lui-même, de tout ce qu'il a de passion et de force, et qui affaiblit ainsi la cause de son indépendance de ce qu'il est obligé de lui dérober et de sacrifier à d'autres alarmes, à d'autres éventualités.

Malheur au peuple qui, au jour de ses défaites et de ses provinces ravagées et perdues, se crée d'autres angoisses que ses angoisses patriotiques, d'autres dangers, d'autres abîmes que ceux qui menacent sa nationalité!

La veille du 4 septembre nous n'avions qu'un ennemi, le Prussien; une seule haine, la haine du Prussien; une seule guerre, la guerre au Prussien; un seul cri : Vive la France!

Le lendemain, nous avions un ennemi de plus, la Révolution; une haine de plus, la haine de la Révolution, la haine entre Français; une guerre de plus, la guerre civile : un cri de plus : Vive la République!

Avant les hommes qui s'intitulèrent « le gouvernement de la défense nationale », il y avait, dans l'administration intérieure proprement dite et dans les diverses administrations de la justice, de la guerre, des finances, des affaires étrangères, de la marine, un personnel exercé et fonctionnant avec la sûreté que donne seule l'expérience. Ce personnel valait ce qu'il valait; l'opposition, naturellement, trouvait qu'il ne valait rien, qu'il était insuffisant, servile et même corrompu ; elle l'a trouvé détestable sous tous les gouvernements. Son personnel, à elle, lorsqu'elle a été au pouvoir, a toujours été l'idéal de l'infatuation et de l'incapacité ; peu importent donc les jugements de l'opposition.

Ce qui importe, à ces heures suprêmes, c'est qu'on n'oublie pas en quoi consiste le véritable amour de la patrie ; il consiste à ne pas affaiblir la défense nationale à quelque degré que ce soit et pour quelque cause que ce soit. C'est l'affaiblir jusqu'à tout compromettre, quand on est sous les yeux et sous les pieds de l'envahisseur, que de toucher et de s'attaquer à l'organisation politique et administrative qui existe.

Le premier mérite de cette organisation, en de pareils temps, c'est d'exister, c'est d'être comme une machine toute montée qui a servi, qui sert toujours, qui est connue, acceptée, qu'on est habitué à voir communiquer l'impulsion, l'activité; qui, à force de servir, a fini par acquérir les aptitudes nécessaires pour animer, dominer, diriger les volontés.

Pour réformer un tel outillage, pour changer tout un système de gouvernement, pour bouleverser le personnel de toutes les administrations, lorsque, devant l'ennemi, c'est l'existence même de la nation qui est en péril, il faut être ou fou ou criminel. Des changements, des innovations, des improvisations au milieu d'une crise qui laisse le pays comme suspendu au-dessus d'un abîme, c'est sa désorganisation, sa désagrégation, sa dislocation au moment même où, pour se sauver, il aurait le plus besoin de toute sa force d'organisation et de cohésion. Telle a été l'œuvre de la révolution du 4 septembre.

La défense nationale s'est trouvée affaiblie aussitôt. Tous les services ont été troublés; tous les dépositaires de l'autorité, à un degré quelconque, ont vu leurs positions perdues ou menacées. Il a fallu, sur-le-champ, procéder à d'innombrables nominations pour les fonctions les plus diverses, les plus difficiles, les plus importantes. Les choix on été faits à l'aventure ; l'esprit de parti les a dictés; on n'a pas cherché les hommes les plus capables, on a choisi les plus républicains. Le premier besoin des patriotes du 4 septembre a été, non point de défendre la France contre l'étranger, mais de la républicaniser pour se défendre eux-mêmes, pour s'assurer la possession du pouvoir. Leur grande affaire a été, d'abord, de rendre impossible le retour de l'Empire. L'Empire, c'était, pour eux, l'ennemi; le

Prussien ne venait qu'après et n'était que leur préoccupation secondaire. Ce qu'il fallait sauver à tout prix et tout de suite, à les voir et à les entendre, ce n'était pas la France, c'était la République. *L'Électeur libre*, sous le patronage d'un membre du nouveau gouvernement, et la *Revue des Deux Mondes*, sous la plume d'un académicien devenu depuis vice-président de l'Assemblée nationale, écrivaient : « La chute de l'Empire, dût-elle coûter la perte de deux provinces, ce ne serait pas trop payé. » — « L'année 1870, ayant renversé l'Empire, n'a pas été tout à fait stérile. Nos malédictions doivent se mêler de quelque gratitude ; tout compte fait, nous la bénirons ! ! »

La défense du territoire a été de la sorte sacrifiée à la défense de la République. L'esprit révolutionnaire s'est emparé des pouvoirs publics ; toutes les autorités, toutes les administrations, tous les fonctionnaires se sont faits révolutionnaires d'attitude, de langage et de conduite. Ce n'est pas la défense nationale qu'ils ont voulu organiser, c'est la Révolution. Ils ont provoqué, toléré ou n'ont pas pu empêcher les manifestations populaires, les complots, les émeutes ; ils ont révolté les consciences par les actes les plus arbitraires, les plus dictatoriaux ; ils ont répandu partout l'inquiétude et même comme une sorte de terreur, par leurs attentats contre les personnes, contre les droits les plus légitimes, contre les corps électifs, les pouvoirs locaux, contre tout ce qui, enfin, pouvait être un moyen d'ordre et de salut. Cette vue de la Révolution a effrayé les imaginations et les intérêts. On n'a plus été sûr du lendemain. Devant ce nouveau fléau — la Révolution — qui venait s'ajouter au fléau de l'invasion, on a cru à un effondrement général ; deux dangers de mort à la fois, c'était trop!

Jusqu'au 4 septembre, la France ne connaissait qu'un ennemi : l'étranger sur son sol, la souillant et la ruinant ; ce n'était que contre lui et pour le châtier qu'elle se sentait vivre et penser ; ce n'était que contre lui qu'elle avait des ressentiments et des colères, qu'elle avait à se lever en masse et à se défendre. Elle était déjà assez malheureuse comme cela ; mais elle pouvait encore vaincre et se relever, parce qu'elle n'avait pas plusieurs maux à supporter et à combattre : elle n'en avait qu'un, un seul, terrible sans doute, mais contre lequel, parce qu'il était seul, elle pouvait se porter, se concentrer tout entière avec toute sa puissance d'organisation, d'unité, d'élan et de furie. Elle devait être plus malheureuse encore.

Elle devait rencontrer dans son propre sein, dans son propre sang, un autre ennemi contre lequel aussi elle a eu à se défendre, sur lequel aussi elle a eu à veiller. Le 4 septembre, la Prusse n'avait plus devant elle qu'une France désorganisée, divisée, affolée, en proie à l'anarchie; détournée, par la Révolution, de l'intérêt suprême de sa défense; obligée de s'inquiéter, non plus seulement des Prussiens, mais encore des révolutionnaires; condamnée, enfin, à appliquer, à exercer une partie seulement de son activité, de ses facultés contre l'ennemi du dehors, et l'autre partie contre l'ennemi du dedans. Lorsqu'un peuple est en face d'une invasion, si ses inquiétudes, ses préoccupations, ses efforts, son activité sont appelés dans plusieurs directions à la fois au lieu de l'être dans une direction unique, la défense; s'ils se partagent entre plusieurs objets au lieu de se réunir sur un seul, toujours la défense, ce partage, cet éparpillement de toutes les forces vives du pays affaiblissent la défense et la frappent d'impuissance; un tel peuple est vaincu d'avance et reste vaincu.

On ne se rappelle pas assez la diversion fatale, le trouble profond causés dans les esprits par l'attentat du 4 septembre. Combien notre armée devait en subir et en a subi la funeste influence! Les généraux, les officiers nommés par l'Empereur, ayant juré fidélité à l'Empereur, apprenant par l'ennemi que la guerre civile régnait dans toute la France, qu'il n'y avait plus de gouvernement, et que peut-être l'armée était destinée à sauver la nation des barbares! Et quand on voit ce que les barbares ont fait depuis, on doit comprendre quel trouble ces nouvelles ont jeté dans leur âme. Ils se demandaient où était le devoir!...

Voilà ce que la révolution du 4 septembre a fait de la France! Elle l'a livrée à la Prusse. Que cette révolution soit donc maudite! Apprenons à la maudire à nos enfants, à nos petits-enfants, à nos arrière-petits-enfants, à toutes les générations futures, jusqu'à la fin des siècles!

J'entends dire :

« Le 4 septembre, le pouvoir était vacant et par terre : il fallait bien que quelqu'un le ramassât. »

Soit; j'admets un instant que, le 4 septembre, le pouvoir fût par terre; la probité la plus vulgaire voulait qu'on rendît de suite à la nation le pouvoir ainsi trouvé dans la rue.

Un billet de banque tombe-t-il de la poche d'un passant, il faut, ou ne point s'en emparer, ou le restituer à son légitime propriétaire, sous peine de s'exposer à une qualification prévue par la loi pénale.

Le 4 septembre, le légitime propriétaire du pouvoir, c'était la France, et non point MM. Gambetta et Compagnie qui, à leur dire, l'ayant ramassé, se sont bien gardés de le rendre. Il a été ramassé par les républicains; mais pourquoi les républicains plutôt que les légitimistes, les orléanistes, ou les partisans d'une régence impérialiste? De quel droit les républicains plutôt que les autres? De qui tenaient-ils un pareil mandat?

La réponse est dans l'histoire, à ses pages les plus décevantes et les plus humiliantes.

Le 4 septembre, comme le 4 février, comme à toutes les dates des usurpations républicaines, si les républicains ont pris le pouvoir, ce n'est point parce que la France était avec eux; ils n'oseraient pas, eux-mêmes, le prétendre. Ils savent bien le contraire; ils savent qu'ils ne sont qu'une minorité. Ils ont réussi à s'emparer du pouvoir parce qu'ils disposent de la force brutale, ils disposent de la rue. Ils ont avec eux et pour eux cette armée du désordre qui se recrute, non point dans le vrai peuple, mais dans les bas-fonds sociaux, dans les déclassés, dans les politiques de brasserie et de table d'hôte, dans les Césars d'estaminet, dans les clubistes, dans tous ceux qui vomissent leur haine et s'entretiennent d'ardentes convoitises en s'en prenant à l'ordre social des déceptions de leur orgueil et des avortements de leur impuissance: soldats qui ont trahi leur drapeau et vendu l'uniforme; prêtres qui ont donné des coups de canif dans le contrat qui les liait à l'Église; dépositaires infidèles; caissiers en rupture de probité; intrigants et écumeurs, pirates de tout sexe, de tout rang et de toute catégorie, qui font la course en marge des professions régulières... Les républicains sont les chefs de ces bandes qu'ils lancent sur les gouvernements le jour où, après avoir longtemps, par la presse et la tribune, préparé la révolution dans les esprits en les excitant et en les trompant, après avoir accumulé sur tous les points les matières inflammables, ils voient enfin arriver la faute si attendue, le malheur si désiré qui doit être l'accident déterminant la chute, l'étincelle allumant l'incendie. C'est la besogne de ces bandes d'exécuter le coup de main nécessaire pour avoir ce que, le lendemain déjà, on appelle le *fait accompli* qui doit servir à fabriquer la République.

Ces bandes, on le voit, ne sont pas même le peuple de Paris ; elles sont encore moins le peuple du reste la France. Elles ne représentent rien, elles ne sont rien. Depuis bientôt un siècle, cependant, ce sont elles qui font notre histoire ! Ce sont elles qui font nos révolutions et qui nous imposent leurs gouvernements ! Ce sont elles, le lendemain de leur coup de main, qu'on appelle *le peuple français*, la *nation française*, la *France* enfin ! Quel sujet de honte et de méditation !

Le coup de main de ces bandes se retrouve dans toutes les révolutions du genre de celles du 4 septembre et du 24 février : c'est la preuve que, au jour de chacune de ces révolutions, le pouvoir n'était pas vacant, ni par terre, puisque, pour s'en emparer, il a fallu recourir à un coup de main. Mais c'est surtout le 4 septembre que le pouvoir n'était ni vacant, ni par terre. Ce n'est qu'en France, où l'esprit révolutionnaire a dépravé tant de consciences, qu'on peut dire et qu'on peut croire que le gouvernement est vacant et par terre parce que le souverain est vaincu et captif avec son armée! Lorsque les événements de la guerre font tomber prisonnier entre les mains de l'ennemi un chef d'État et ses soldats, si la nation, qui l'a placé à sa tête, choisit un tel moment pour l'abandonner, lui arracher sa couronne et l'insulter, elle s'expose à perdre l'estime du monde; elle semble s'unir à l'étranger contre celui qui, après tout, pour le monde et pour l'histoire, n'est qu'elle-même, parce qu'elle s'est donnée à lui, lui a donné son nom et l'a chargé de ses destinées ; elle semble dire à cet étranger qui ensanglante et ruine son territoire : « Je suis avec vous contre l'élu de mes suffrages, contre celui dont j'ai fait la personnification de ma souveraineté, de mon gouvernement. Je ne viens pas à son secours et ce n'est pas le prix de sa rançon que je vous apporte. Au contraire, gardez-le, qu'il ne nous revienne plus! Il est accablé sous vos victoires : je viens l'accabler à mon tour! Je viens l'achever! Je le renie et vous le livre! »

Et c'est la France qui pourra être dénoncée à l'Europe

et à la postérité comme ayant donné un tel spectacle, un tel exemple! C'est la France qui pourra être accusée de ce qu'on appelle, dans tous les temps et chez tous les peuples, une trahison, une lâcheté! C'est elle que l'histoire jugera en écrivant : « Le même jour où la France apprit l'immense désastre et la captivité de Napoléon III, elle le désavoua, le détrôna et le diffama. Ce jour, elle servit la politique prussienne. Cette politique avait besoin d'une révolution en France ; la France fit cette révolution. La Prusse avait besoin d'une France désorganisée, divisée; la France se désorganisa, se divisa. »

Non! ce n'est pas de la France qu'on dira cela ; ce n'est pas la France, ce ne sont pas des Français qu'on accusera et qu'on flétrira; c'est la révolution, ce sont les révolutionnaires du 4 septembre. Ils ne sont pas la France, ils ne sont pas des Français, ils ne sont que des révolutionnaires sans patrie et sans Dieu ceux qui, à l'affaiblissement de la France résultant des malheurs de nos armes, ont ajouté l'affaiblissement encore plus grand résultant d'une révolution. Il n'y a que l'esprit révolutionnaire capable d'altérer et de pervertir à ce point, dans un noble pays comme la France, le sentiment de l'honneur et du patriotisme.

Pour une nation en état de guerre, l'honneur et le patriotisme consistent (est-il besoin de le rappeler) à s'unir plus étroitement que jamais à son gouvernement, à se serrer autour de lui, à se confondre, à s'identifier avec lui, à ne faire qu'un avec lui, de manière à enlever à l'ennemi toute raison, tout prétexte de concevoir la moindre espérance d'une division intérieure, d'une émeute, d'une révolution. Le fait seul, de la part de la nation, de faire naître, par son attitude, par sa conduite, une telle espérance dans l'esprit de la puissance avec laquelle elle est en lutte armée, est un fait coupable; c'est un crime, car c'est faire naître en même temps, dans l'esprit de cette puissance, une plus grande confiance; c'est augmenter sa patience, sa ténacité, son audace; c'est lui inspirer des résolutions et des combinaisons auxquelles, peut-être, elle n'eût pas songé.

Si l'espérance (qu'on lui a donnée) d'une révolution devient une réalité, si une révolution éclate, c'est alors un attentat de la patrie contre elle-même, c'est la patrie trahie par elle-même; c'est la France, le 4 septembre, faisant la révolution espérée par la Prusse et faisant les affaires de la Prusse au cri de : Vive la République!

Qu'on ne dise plus que, dans les heures qui ont précédé la révolution du 4 septembre, sous le coup de nos défaites successives, l'opinion était exaspérée contre le gouvernement, n'était plus avec lui, ne le soutenait plus; qu'il n'y avait plus, en réalité, de gouvernement.

Il y avait, debout, tout un gouvernement issu du suffrage universel; une dynastie établie par huit millions de suffrages en 1848, 1851, 1852 et 1870 ; une constitution votée par huit millions de voix en 1851, 1852 et 1870; un sénat, un conseil d'État organisés d'après les bases indiquées dans cette constitution ; un corps législatif, des conseils généraux, des conseils municipaux élus par le suffrage universel; enfin, une magistrature, une administration nommées par un souverain et sous les yeux d'un parlement, produits, l'un et l'autre, du suffrage universel.

L'histoire n'offre pas d'exemple, à la veille d'une révolution, d'un système de gouvernement ainsi fondé sur la volonté nationale à tous les degrés, aussi largement, aussi profondément, aussi sincèrement.

Ce système était vivant, fonctionnant, répondant à tous les besoins publics, lorsque les révolutionnaires du 4 septembre ont fait leur œuvre abominable. La preuve, c'est que, pour avoir le pouvoir dans leurs mains, ils ont dû employer la force et la trahison.

Il est hors de doute aujourd'hui qu'il s'est rencontré à Paris, dans des chefs de parti et dans le plus grand commandement militaire, des traîtres qui ont exploité les malheurs publics, qui ont profité de l'éloignement de nos armées pour conspirer, pour paralyser l'action des pouvoirs publics, provoquer l'invasion de l'Assemblée et faire une révolution à leur profit!

L'Empire, à ce moment, existait donc! Il existait si bien, et ses ennemis craignaient tellement qu'il ne fût encore trop plein de vie et qu'il ne tombât pas tout seul, qu'ils n'ont pas reculé, pour le renverser, devant les plus infâmes attentats : la conspiration et la trahison en face de l'ennemi!

Je sais que les criminels du 4 septembre prétendent se justifier en disant : les événements de Sedan avaient indigné, révolté les esprits, au point que le maintien de l'Empire était devenu impossible.

Je réponds que, en effet, les esprits étaient surexcités, irrités, accessibles à tous les entraînements; mais il n'en résulte pas que la grande majorité de la nation ne voulût plus de l'Empire. Il est certain, au contraire, que si le Corps législatif avait décidé que le suffrage universel serait consulté loyalement, impartialement, sur la question posée dans ces termes : « La France veut-elle le maintien de l'Empire ? », le suffrage universel aurait répondu affirmativement. Les électeurs, en immense majorité, auraient voté pour le maintien du gouvernement en disant, au moment de déposer leurs bulletins dans l'urne, qu'une révolution, pendant que le sol était envahi et l'indépendance de la patrie menacée, ne pouvait être qu'une cause de plus grands désastres; ils auraient pressenti qu'une telle révolution ne pouvait ajouter qu'une crise intérieure à la crise extérieure et soulèverait, dans les âmes qu'il fallait laisser tout entières aux ardeurs du patriotisme et de la nationalité, les passions de la politique et des partis.

Ainsi, le 4 septembre, les révolutionnaires étaient si convaincus que le pouvoir n'était ni vacant, ni par terre, ni à la veille de tomber de lui-même, et que cette sorte de chute spontanée pourrait se faire attendre indéfiniment; ils étaient si sûrs qu'un appel au suffrage universel ne leur serait pas favorable, qu'ils ont dû recourir à un coup de force, ils ont dû se décider à conspirer et à trahir. Voilà comment, en France, sans mandat de la France, les minorités factieuses escaladent et prennent d'assaut les gouvernements.

Quant au sens qu'il faut attacher à l'état de l'opinion, au 4 septembre, il ne suffit pas, pour s'en rendre un compte exact, de montrer, comme je viens de le faire, que le sentiment public était contraire à une révolution. Il importe, ici, d'examiner de près une des manifestations de cet esprit révolutionnaire contre lequel ce livre est écrit. Les développements dans lesquels je vais être obligé d'entrer à ce sujet pourront ressembler à une digression : mais, pour tout esprit attentif, je ne me serai pas écarté du but que je poursuis.

Ce but, ce n'est pas l'apologie de l'Empire dans la guerre de 1870, c'est l'accusation, c'est la condamnation de toutes les révolutions en général, à propos de la révolution du 4 septembre en particulier : cette dernière doit me servir à faire le procès aux autres. Plus elle est coupable, plus elle sert à démontrer l'influence fatale et mortelle de l'esprit révolutionnaire. Or il est évident qu'elle est d'autant plus condamnable, que le gouvernement qu'elle a renversé a commis moins de fautes et moins compromis les intérêts et la sûreté du pays. Il s'en suit que pour connaître toute l'étendue de la responsabilité des révolutionnaires du 4 septembre, il est essentiel de connaître aussi et préalablement le degré de responsabilité du gouvernement impérial. Si ce gouvernement n'a montré aucune de ces imprévoyances, aucun de ces aveuglements qui engagent fatalement les destinées d'une nation, l'attentat du 4 septembre est d'autant plus odieux et monstrueux.

Ainsi, c'est l'Empire qu'il faut juger d'abord pour qu'il soit possible de juger ensuite sainement les auteurs conjurés de sa chute. Si ce n'est pas à lui que doivent être imputés les faits qui ont mis en péril notre indépendance et l'intégrité de notre territoire, la révolution du 4 septembre aura dépassé toutes ses aînées en cynisme, en dépravation; elle aura été la manifestation la plus immorale, la plus déshonorante, la plus lamentable de l'esprit révolutionnaire : quels sont ces faits ?

Lorsque, au début de la guerre, la France a connu successivement ses premiers revers et puis sa grande infortune de Sedan, une partie de l'opinion a subi les entraînements qu'elle subit d'ordinaire sous le coup des mécomptes et des malheurs. Avant même de s'être donné le temps de connaître exactement les faits, elle a commencé par accuser le gouvernement et les généraux. Son premier sentiment n'a pas été cette immense et morne douleur qui fait les grands vaincus et les miracles du patriotisme; c'était une irritation bruyante, sans dignité, contre le souverain et les pouvoirs publics. Son premier besoin n'a pas été ce recueillement fécond, précurseur des résolutions héroïques ; c'était le soupçon, la colère, la calomnie contre tous ceux qui participaient à la direction de l'État ou au commandement des armées. Pour tout dire (et il faut tout dire puisqu'il s'agit de se connaître pour se corriger), il s'est rencontré des partis, des Français qui, à la nouvelle du désastre de Sedan, se sont senti encore plus de haine contre l'Empire que contre les Prussiens ; ils ont même éprouvé une joie impie, mal dissimulée ! Ils entrevoyaient, à travers les cadavres de nos soldats, l'avénement de la république ! Ils se voyaient touchant enfin à la réalisation de leurs espérances. En France, en effet, la république est toujours apparue, comme le vautour, sur des champs de morts et de ruines !

Voilà notre esprit public, tel que l'ont fait nos trop fréquentes révolutions. Chaque révolution a créé et laissé après elle un parti nouveau, c'est-à-dire une cause de plus de division. Nous devons à la révolution de 1789 le parti libéral ; à celle du 10 août 1792, le parti républicain et le parti jacobin ou révolutionnaire ; au 18 brumaire, le parti bonapartiste ; à 1815, le parti légitimiste ; à 1830, le parti orléaniste ; à 1870, le parti des communeux.

Chacun de ces partis veut l'extermination de tous les autres. Celui qui est au pouvoir a contre lui la coalition de tous ceux qui n'y sont pas. Le pouvoir se trouve en présence d'oppositions qui en veulent à son existence même, plutôt qu'à sa politique proprement dite ! Elles ne le combattent pas pour l'améliorer, mais pour le renverser. Elles n'attaquent pas ses actes en eux-mêmes et au point de vue de la conduite tenue ou à tenir, mais pour mettre en cause aussitôt la constitution elle-même, le chef du gouvernement, son principe, son origine. Lorsqu'elles dénoncent les fautes commises, ce n'est pas dans un intérêt public et pour se borner à les apprécier dans leurs rapports avec les circonstances et les faits au milieu desquels elles se sont produites ; c'est pour prendre personnellement à partie le souverain, sa dynastie, son passé, toute sa vie enfin. Dans les temps d'adversité, ce n'est pas pour chercher les moyens de salut, pour éclairer l'opinion et lui communiquer le calme nécessaire aux sages résolutions, qu'elles étudient les maux de la patrie et qu'elles les discutent. Elles n'y sont attentives et n'en font l'objet de leurs méditations et de leurs débats, dans la presse et la tribune, que pour voir si elles ne pourront pas les faire servir aux calculs de leurs ambitions, c'est-à-dire à la chute du gouvernement et à leur propre avénement. Pour elles, nos malheurs ne sont qu'un texte d'accusation de plus contre le chef de l'État et les fondements de son autorité.

On comprend que le gouvernement doive sortir de telles discussions affaibli, amoindri, abaissé. L'opinion s'éloigne de lui et se forme contre lui. Les partis ne veulent que cela : c'est leur œuvre de destruction ; que leur importe le reste ? Il faut, d'abord, que le gouvernement tombe, dût la chute entraîner une dissolution générale.

Le devoir des partis, en apprenant nos défaites successives, était tout tracé : c'était de faire taire leurs ressentiments; c'était de s'attacher à apaiser les esprits pour prévenir la guerre civile, pour rendre moins difficile la tâche du gouvernement, pour que sa liberté d'action fût complète, pour que les dangers du dedans, en se greffant sur les dangers du dehors, ne vinssent pas compromettre la défense et achever de tout perdre. Les partis auraient dû comprendre que, tant que la guerre durait et que l'étranger était sur notre sol, il ne fallait pas, en accusant d'incapacité et d'imprévoyance l'Empereur, les ministres et les chefs militaires, affaiblir le moral de notre armée (déjà si affaibli par nos échecs) et fortifier le moral de l'armée ennemie (déjà si fort par la victoire). Ils auraient dû penser à la France : ils n'ont pensé qu'à eux; ils se sont dit : « Il faut faire tourner ceci à notre profit; il faut que le corps expirant de la mère-patrie, son corps percé de coups, nous serve de tremplin pour bondir jusqu'au pouvoir. »

Ils ont aussitôt manœuvré en conséquence. Leur tactique a été de provoquer contre l'Empereur et l'Empire un soulèvement d'opinion à la faveur duquel ils espéraient qu'un coup de main ne rencontrerait pas une trop grande résistance et pourrait réussir par la conspiration et la trahison. Ils se sont faits accusateurs publics; ils n'ont pas attendu, pour accuser, de connaître la vérité; ils n'ont pas attendu un jour, une heure pour s'informer par quel concours de circonstances la Prusse avait été victorieuse. Il s'agissait bien de la vérité! Il s'agissait, en dénaturant les faits, de préparer les esprits à laisser faire une révolution.

Si encore ces révolutionnaires, attendus et désirés par la Prusse, s'étaient contentés de dire au gouvernement : « Vous avez déclaré la guerre sans motifs suffisants; vous l'avez mal conduite ; vous n'étiez pas prêts ; l'armée a été mal commandée ; les divers corps ont manqué de concentration ; le plan de campagne était mauvais... » S'ils n'avaient dit que cela! C'était déjà beaucoup trop, sans doute; c'était une impiété; car, de telles critiques, retentissant dans la presse et à la tribune, arrivaient jusqu'à la connaissance de nos soldats, qu'elles décourageaient, et à la connaissance aussi de l'ennemi, qu'elles encourageaient. Mais, au moins, ce n'étaient pas des attaques dans lesquelles fussent engagés et atteints le principe même de l'Empire et sa constitution; il ne pouvait pas en résulter, contre le chef de l'État, ces colères, ces mépris de l'opinion sans lesquels les révolutions sont impossibles. Or, c'étaient l'Empire, l'Empereur, la dynastie que les partis voulaient atteindre et miner dans les imaginations populaires. Ils ont donc accusé l'Empire, l'Empereur, l'Impératrice, le Prince impérial, l'intérêt dynastique, le pouvoir personnel, le 2 décembre!..... Ils ont abreuvé d'outrages Napoléon III et la dynastie impériale, comme autrefois leurs dignes ancêtres avaient abreuvé d'outrages la maison de Bourbon pendant les dernières années de la Restauration, et la maison d'Orléans pendant les dernières années du gouvernement de Juillet, pour que, ces deux royautés ainsi ébranlées et ruinées dans l'estime publique par la calomnie, leur chute fût préparée et pût avoir lieu au premier choc, au premier accident.

En France, les diffamations qui, dans les jours de calamités publiques, flattent le peuple en lui désignant son souverain comme l'auteur de tous ses maux, sont toujours crues et recueillies avec avidité. La nation, dans son orgueil, ne veut jamais s'accuser elle-même; ce n'est pas en elle qu'elle cherche et voit jamais la cause de ses désastres. Il lui faut, à tout prix, que ce soit un autre qu'elle qui en porte la responsabilité. Son besoin, devant la conscience publique et devant sa propre conscience, c'est de s'absoudre et de trouver un bouc émissaire. Les partis exploitent ce besoin en dénonçant et en diffamant le gouvernement. Les masses applaudissent; elles sont comme soulagées, comme déchargées d'une sorte de soupçon qu'il leur semblait sentir peser sur elles-mêmes. Elles éprouvent comme une volupté malsaine à se laisser persuader par leurs meneurs qu'elles ne sont pour rien dans les malheurs de la patrie et que toute la responsabilité en revient au chef de l'État, à son régime politique, à ses calculs d'ambition. C'est, pour elles, comme la délivrance d'un remords de s'entendre dire qu'elles n'ont aucune faute à se reprocher et que toutes les fautes ont été commises par leur roi ou leur empereur. Elles se déchaînent contre lui, et leur déchaînement est d'autant plus grand qu'elles voient, dans les fautes qu'on leur dénonce, leur propre défense, leur propre justification, c'est-à-dire la preuve de leur propre absolution.

Telle est l'habile tactique des partis, qui consiste à n'entreprendre de faire croire aux multitudes que ce qu'elles ont intérêt à croire dans les circonstances où elles se trouvent placées. En 1870, dès nos premières défaites, c'était leur intérêt d'être convaincues et de se laisser convaincre que la France n'était pas dégénérée, qu'elle n'avait pas cessé d'être le premier peuple du monde par ses soldats, ses généraux, ses savants, ses progrès dans toutes les sciences et dans tous les arts. Leur foi était donc assurée d'avance aux charlatans qui leur dirait que l'Empereur seul était coupable, que lui seul s'était trompé, avait tout compromis, tout perdu par sa politique imprévoyante et personnelle. Ce qui a fait surtout leur crédulité, c'est que, parmi les chefs de parti qui conduisaient plus ou moins ouvertement cette œuvre de préparation d'une révolution par le dénigrement, elles ont vu des hommes considérables par leurs talents, leurs fortunes, leurs positions sociales, des personnalités puissantes de cette classe moyenne qui tient dans ses mains tous les intérêts. Elles se sont dit : « Pour que les représentants de la bourgeoisie les plus intéressés au maintien de l'ordre, les plus grands, les plus autorisés par leurs lumières, leur renommée, leurs situations, pour que ceux, en un mot, qui ont le plus à perdre à une révolution attaquent le gouvernement avec tant de violence, il faut que les faits qu'ils lui reprochent soient vrais et méritent une telle réprobation. »

C'est ainsi que, la veille du 4 septembre, la révolution était déjà prête dans les esprits; le coup de main du 4 septembre n'en a été que la traduction brutale dans les faits.

Cette révolution devant l'ennemi est un forfait sans précédent dans l'histoire et que l'histoire et la postérité chargeront de leurs malédictions. Ses auteurs eux-mêmes en ont eu la conscience troublée; ils ont senti le besoin de se justifier. De même que ces criminels qui, aussitôt après la perpétration de leur crime, ne songent qu'à se faire un système de défense pour obtenir un verdict d'acquittement, de même les hommes du 4 septembre, aussitôt après leur attentat, ont songé à leur justification. Leur meilleur moyen de se défendre (ils l'ont compris tout de suite), c'était d'accuser, de diffamer encore; ils avaient diffamé, accusé l'Empire et l'Empereur avant la révolution du 4 septembre, pour la préparer; ils les ont accusés, diffamés encore, après la révolution du 4 septembre, pour la justifier.

Cette fois, ils se sont même surpassés. Jamais, avant eux, aucun parti ne s'était déshonoré jusqu'à un tel débordement d'injures et de calomnies contre un souverain vaincu et prisonnier! C'était dans la logique fatale de leur situation. Ils se sentaient si coupables que, pour se faire pardonner, il leur fallait faire plus coupables encore l'Empire et l'Empereur. Ils sont descendus jusqu'aux plus grossières inventions. Ils ont dit que c'était sur « l'égoïste ambition de l'Empereur qu'il fallait rejeter l'entière responsabilité de nos revers; que, pendant vingt ans, l'Empereur avait à dessein, pour pouvoir plus facilement la livrer, gangrené la France, tari en elle toutes les sources de la force et de la grandeur[1]...» — « Qu'il avait essayé, en succombant, d'entraîner le pays dans sa chute; que si nous avons eu de la peine à nous procurer des munitions, des fusils, c'est que, après nous avoir écrasés, il avait voulu nous empêcher de nous relever; que toutes les armes, tous les approvisionnements avaient été dirigés sur Metz, Strasbourg et Sedan; que, par cette der-

[1] Discours de M. Gambetta, à Bordeaux, 1er janvier 1871.

nière et odieuse combinaison, l'auteur de nos désastres semblait avoir voulu, en tombant, nous enlever les moyens de réparer nos ruines[1].... — Que le gouvernement de la défense nationale ne trouvant plus d'armes en France et voulant s'en procurer à l'étranger, il a été arrêté, là encore, par la main de Napoléon III ; il a rencontré sur les marchés étrangers la concurrence ennemie, et cette concurrence était encore faite par l'homme de Sedan[2]. »

Ce n'est pas tout encore. Les héros du 4 septembre faisaient fabriquer et répandre dans le public des pamphlets immondes, des caricatures ignobles. Des voix criaient devant l'hôtel du gouverneur de Paris : « *Les orgies de la femme Bonaparte !* »

Enfin, il fallait faire croire que la chute de l'Empire avait répondu à un vœu public et avait été saluée comme un heureux événement. Les bandes du 4 septembre ont été chargées d'*organiser* la joie publique ; elles se sont répandues dans les rues ; elles ont ri, chanté, gambadé, cassé des écussons, gratté des enseignes. Elles sont allées finir la journée dans les bals de barrière fermés depuis quelque temps, *rouverts pour la circonstance*. Peu s'en est fallu qu'on illuminât...

[1] Proclamation de M. Gambetta, à Bordeaux.
[2] Discours de M. Gambetta, à Tours.

Tels sont les révolutionnaires du 4 septembre!

Mais la lumière a fini par se faire à travers tant de mensonges et de lâchetés. Les partis avaient dû, pour préparer et faire réussir le coup du 4 septembre, insulter, diffamer, calomnier, avant que les faits fussent connus ou qu'il fût permis de les connaître. La fin de la guerre et de la dictature a fait cesser l'état de trouble et d'oppression qui régnait dans les esprits. Des témoins qui avaient vu et entendu ont apporté leurs témoignages. Des documents authentiques ont été produits et publiés; les preuves sont arrivées de toutes parts; on s'est rappelé ce qu'on avait oublié; on a trouvé des réponses à toutes les accusations.

L'Empire a été accusé à tort d'avoir voulu la guerre. Il n'y a plus aujourd'hui en Europe un homme politique qui ne sache et qui ne dise que la guerre entre la France et l'Allemagne était inévitable. Il suffit de lire la correspondance de lord Loftus [1] avec son gouvernement pour recon-

[1] Dépêche écrite le 13 juillet par lord Loftus, ambassadeur d'Angleterre en Prusse, au comte Granville :

« J'ai eu aujourd'hi une entrevue avec le comte de Bismark, et je l'ai félicité de l'apparente solution de la crise imminente par la renonciation spontanée du prince de Hohenzollern.

« Son Excellence a paru douter quelque peu que cette solution mît fin au différend avec la France. Elle m'a dit que l'*extrême modération* montrée par le roi de Prusse devant le ton menaçant du gouvernement français et la réception *courtoise* de M. Benedetti à Ems par Sa Majesté, après le langage sévère tenu à la Prusse, tant officiellement que dans la presse française, provoquaient d'un bout à l'autre de la Prusse une indignation générale... Après ce qui vient de se passer, nous devons

naître que la Prusse voulait la guerre et que, si l'affaire Hohenzollern se fût apaisée, un autre conflit nous eût mis les armes à la main. N'est-il pas singulièrement triste que, l'Europe reconnaissant aujourd'hui que nous n'avons point été provocateurs, il se trouve des journaux français qui s'acharnent à donner raison à la Prusse pour pouvoir donner tort à l'Empire? La guerre était nécessaire depuis 1866, parce que, depuis 1866, l'empire d'Allemagne était reconstitué. Voilà la vérité.

C'est la France, sans doute, qui a matériellement déclaré la guerre; mais c'est la Prusse qui l'a déclarée moralement en la rendant nécessaire. C'est elle qui, devant l'histoire, devra en porter l'onéreuse responsabilité [1].

demander quelque assurance, quelque garantie que nous ne serons pas exposés à une attaque soudaine; il faut que nous sachions que, cette difficulté espagnole une fois écartée, il ne reste pas d'*autres* DESSEINS SECRETS *qui puissent éclater sur nous comme un coup de tonnerre.*

« Le comte de Bismark déclara ensuite qu'à moins que quelque assurance, *quelque garantie ne fût donnée par la France, soit aux puissances européennes, soit dans une forme officielle quelconque, que la présente solution de la question espagnole était considérée comme un arrangement définitif et satisfaisant*, et qu'elle ne mettrait pas en avant d'autres griefs, et qu'en outre le gouvernement français ne *retirât ou n'expliquât d'une manière satisfaisante* le menaçant langage tenu par M. le duc de Gramont, le gouvernement prussien *serait obligé de* DEMANDER DES ÉCLAIRCISSEMENTS A LA FRANCE.

« Votre Seigneurie peut voir, par les observations ci-dessus du comte de Bismark, que si quelque conseil opportun, quelque main amie n'intervient pas pour apaiser l'irritation qui existe entre les deux gouvernements, la brèche, *au lieu d'être fermée par la solution de la difficulté espagnole,* NE FERA PROBABLEMENT QUE S'ÉLARGIR. »

[1] *Le Journal des Débats*, du 3 août, écrivait sous la signature de M. John Lemoine : « Quel que soit le prétexte choisi pour la guerre, *au fond, c'est la Prusse qui l'a amenée* par la conduite qu'elle a tenue envers la France après la paix de Prague. »

Le premier tort de l'Empire a été de laisser s'accomplir les événements de 1866 : mais il ne doit pas, seul, en supporter toute la responsabilité. L'opposition doit en accepter sa part. Les journaux et les débats parlementaires de cette époque montrent quels furent alors son rôle et son langage. Les partisans les plus ardents de la Prusse, ceux qui la défendaient avec le plus de passion sont les mêmes que les auteurs du 4 septembre. *Le Journal des Débats*, *le Siècle*, *l'Opinion nationale*... étaient pleinement d'accord avec les députés de l'opposition pour déclarer que la France ne devait point s'opposer à la reconstitution de cet empire germanique que la politique traditionnelle de notre pays avait eu pour objet de détruire. Comment l'Empire aurait-il résisté à cette unanimité de ce qu'on appelait alors le parti libéral? D'ailleurs, l'Empire, éclairé par la victoire foudroyante de la Prusse, éclairé aussi par les rapports de nos attachés militaires à Berlin, ne se croyait pas en mesure d'engager la lutte sans une réorganisation préalable de l'armée. Cette réorganisation, l'Empire l'a proposée dès le lendemain de Sadowa. Par qui fût-elle combattue? Par l'opposition de toute nuance et par M. Thiers lui-même.

Ainsi, d'une part, — pour me résumer sur ce point, — c'est la Prusse qui a voulu la guerre de 1870 ; ce sont les résultats de la guerre de 1866 qui ont rendu nécessaire, inévitable celle de 1870. D'autre part, l'Empereur n'est pas responsable (ou, du moins, il ne l'est pas tout seul) de la politique prussienne qui a précédé et suivi la guerre de 1866 ; l'opposition et une grande partie de l'opinion en ont été les complices en s'en faisant les partisans. Quant à intervenir par les armes, à cette époque, l'Empereur connaissait l'état de l'armée prussienne et il avait senti, la veille comme le lendemain de Sadowa, que l'état de l'armée française ne permettait pas une telle entreprise ; il savait que, dans la situation nouvelle créée par la politique de la Prusse, notre réorganisation militaire était le plus impérieux, le plus urgent des besoins. Enfin, Napoléon III a dû partager l'opinion générale répandue en Europe en 1866 [1]; il a dû croire, comme tout le monde, à la supériorité et au succès des armes autrichiennes. Que chacun se reporte à ses souvenirs ; que chacun se rappelle ce qu'il a vu, lu ou entendu à cette époque ; personne ne prévoyait et n'a pu prédire l'événement qui surprit et consterna toutes les puissances européennes : l'armée autrichienne vaincue et anéantie en une seule rencontre.

Ce qui achève de démontrer combien tout cela est

[1] Dans une *Étude sur la campagne de* 1866, publiée par la *Revue des Deux Mondes* du 15 octobre 1868 et attribuée au prince de Joinville, on lit que « *tout le monde* en Europe croyait au triomphe de l'armée autrichienne. »

vrai, c'est l'émotion même causée en France par l'incident Hohenzollern. C'est parce que la nation avait la conscience que la nouvelle prétention de la Prusse n'était pas la conséquence d'une faute de l'Empire, c'est-à-dire d'une situation politique extérieure qui lui fût imputable que, au lieu d'éprouver le besoin de récriminer contre lui, elle a été si spontanée, si énergique, et presque unanime dans l'explosion, contre la Prusse, de son indignation, de sa colère, de son patriotisme. Dans ce soulèvement de l'opinion, il n'y avait rien de personnel à Napoléon III. C'était contre la Prusse seule que s'exhalait la haine publique. Les peuples, quand ils souffrent, ne se trompent guère sur les auteurs de leurs souffrances ; ils ont, à ces heures suprêmes, un instinct qui les guide, une seconde vue qui les éclaire. Si la France avait cru que c'était aux effets d'une politique aventureuse et imprévoyante de son gouvernement qu'elle devait l'entreprise injurieuse de la Prusse sur le trône d'Espagne, elle aurait manifesté, sous une forme quelconque, son irritation contre Napoléon III ; elle aurait, du même coup, montré, contre la Prusse, une irritation d'autant moindre et qu'elle aurait exprimée d'une manière moins spontanée, moins affirmative, moins convaincue. Au contraire, l'exaltation des esprits était croissante et prenait le caractère d'une sommation. La tribune et la presse demandaient la guerre ou le désistement de la candidature du prince de Hohenzollern. Après le désistement, l'acharnement pour la guerre a continué.

Dans le Corps législatif, dans les journaux, dans tous les milieux de la société française, dans toutes les classes, dans tous les lieux publics, dans toutes les réunions, dans la rue, à Paris, Lille, Lyon, Marseille, Bordeaux, au Havre, dans tous les grands centres de population, partout enfin le sentiment qui dominait, qui s'imposait, c'était que, puisqu'il fallait fatalement, tôt ou tard, vider la question par les armes entre la France et la Prusse, il valait mieux la vider tout de suite plutôt que de continuer de rester indéfiniment sous la menace d'une telle éventualité.

Le cri général était : « Finissons-en ! » La perspective d'une issue pacifique de la lutte par suite du désaveu officiel du cabinet de Berlin était accueillie avec mépris, avec colère ; on disait que c'était une *déception*, une *mystification*, *la pire des humiliations*, *le dernier des périls*, une paix *boiteuse*, une paix dérisoire, une paix borgne, une paix *honteuse*, une paix *sinistre*, une paix *ridicule*, une paix... innommable, une paix, enfin, qui coûterait *plus de sang à la France que dix batailles rangées*[1].

[1] *La Gazette de France* écrivait : « *La France* ENTIÈRE PENSAIT que le gouvernement, ayant résolu de prendre sa revanche de Sadowa, croyait le moment venu

Un témoin impartial, lord Lyons, écrivait au comte de Granville :

« ...L'excitation du public et l'irritation de l'armée sont telles qu'il devient douteux que le gouvernement puisse résister au cri poussé pour la guerre, *même s'il était à même d'annoncer un succès diplomatique décidé*... On sent que lorsque l'article prussien paraîtra dans les journaux du soir, il sera très-difficile d'arrêter la colère de la nation, et l'on pense généralement que le gouvernement se sentira obligé d'apaiser l'impatience en déclarant formellement son intention de tirer vengeance de la conduite de la Prusse. » (Dépêche n° 60.)

Pour compléter la preuve de cet état des esprits, il suffirait de citer certains passages des discours prononcés dans l'enceinte législative et des articles publiés par les diverses feuilles quotidiennes et par les feuilles périodiques. Mais cette preuve n'est plus à faire. Elle a été faite par un écrivain de talent[1] qui, par des citations empruntées aux débats parlementaires, à la polémique et aux

d'engager une partie sérieuse contre la Prusse; on prenait le différend hispano-prussien pour un prétexte, car il en faut toujours un, et l'*on croyait* à une guerre prompte, *énergique et réparatrice*.

« Mais il faut rendre cette justice à M. le comte de Bismark : toutes les nouvelles arrivées depuis trois jours à Paris affirmaient que le ministre prussien n'a pas douté un seul instant de la paix; il a jugé du premier coup nos hommes d'État à l'œuvre; il sait ce qu'on peut attendre d'eux en dépit des apparences.

« C'est très-fort. » — G. Janicot.

[1] M. Fernand Giraudeau, *la Vérité sur la campagne de* 1870.

documents les plus authentiques du temps, a démontré, jusqu'à l'évidence la plus saisissante et la plus éclatante, que c'est la nation elle-même qui a poussé à la guerre de 1870 et qui l'a voulue. C'est un point désormais hors de toute discussion.

Sans doute, c'est la tactique éternelle des partis, lorsqu'une guerre a été malheureuse, de ne pas vouloir en accepter leur part de responsabilité et de prétendre en rejeter la responsabilité tout entière sur le gouvernement. Mais l'histoire, qui est la justice, est là qui veille et qui finit toujours par faire triompher la vérité. Inexorable comme les faits dont elle se compose, elle les enregistre tels qu'ils sont et fait la part de chacun.

Si la France eût été victorieuse, les partis n'auraient pas manqué de revendiquer toute leur part dans la gloire : ils auraient même dit que toute la gloire en devait revenir à eux seuls, parce que eux seuls avaient eu du patriotisme, et avaient, par leurs sommations patriotiques, fait décider la guerre. L'auteur de la guerre, d'après eux, n'aurait pas été l'Empereur, parce qu'alors ils auraient trouvé que la transformation de son gouvernement en gouvernement parlementaire l'avait destitué de toute prépondérance sur le parlement, sur la presse, sur l'opinion, et que c'était précisément à cause de cette transformation libérale que la représentation nationale et la presse, ayant recouvré leur liberté et leur indépendance, avaient plus vivement senti l'injure faite au pays par la Prusse, et avaient plus directement connu et plus fièrement exprimé la volonté de la France de se venger par les armes. C'est le Corps législatif, c'est la presse, c'est le parti dit *libéral*, c'est l'opposition qui auraient réclamé et recueilli tous les honneurs du triomphe; c'est le régime parlementaire qui aurait tout fait, tout sauvé. On aurait tout contesté, tout dénié à l'Empereur. On aurait fait valoir que, selon la nouvelle constitution, l'Empereur n'ayant plus de politique à lui, n'ayant plus qu'un rôle effacé, c'était l'opinion, qui redevenue libre et souveraine, avait pu pénétrer dans le Corps législatif, dans les pouvoirs publics et avait contraint le gouvernement à faire la guerre; à elle seule on devait donc les succès de nos armes et le nouvel éclat qui en rejaillissait: elle seule méritait d'être célébrée et glorifiée.

Voilà ce qu'on aurait vu dans l'hypothèse d'une guerre heureuse; on n'aurait pas dit que c'était l'Empereur qui l'avait déclarée, qui l'avait voulue; on aurait dit que c'était l'influence du nouveau régime parlementaire; on aurait crié bien haut que c'était l'opposition. Ce qui prouverait, au besoin, que tel eût été, dans le cas prévu, le langage des partis, c'est le langage de l'opposition le jour même de la déclaration de guerre. *La Liberté* écrivait :

« *La France est debout ; non plus la France d'autrefois, d'il y a quelques années, qui subissait une politique et la soldait sans murmurer, mais la France qui vient de renaître à la liberté et qui ne saurait mieux célébrer ce réveil admirable* qu'en entreprenant, résolue, généreuse et désintéressée, pour l'Europe, pour elle-même, pour l'Allemagne enfin, pour tous ceux qu'opprime ou menace l'ambition du vieux Guillaume : la guerre de l'indépendance ! »

Ainsi, avant nos revers, c'était la France qui avait voulu la guerre, *la France debout, non plus la France d'autrefois, mais la France renaissant à la liberté et célébrant ce réveil admirable par la guerre de l'indépendance !*

Mais la guerre a été funeste ; il est arrivé alors ce qui arrive d'ordinaire dans un pays de révolutions, de démocratie, de liberté, de suffrage universel comme la France. L'opinion y est toute-puissante, irrésistible, surtout dans les questions de patriotisme ; elle s'impose, il faut lui obéir, c'est elle qui décide. Si les événements lui donnent raison, c'est elle qui triomphe, c'est elle qui a tous les profits ; je viens d'en montrer un exemple. Mais si les événements lui donnent tort, si elle voit se déclarer contre elle la mauvaise fortune et s'accumuler les désastres et les ruines, elle se dérobe, elle déserte, on ne la retrouve plus. Vainement on la cherche, on invoque son témoignage, on réclame son appui, on lui montre sa part de responsabilité; elle ne répond pas; elle n'est plus là; elle est devenue insaisissable, elle a disparu. Quand elle reparaît, c'est pour accuser, se démentir, se renier, c'est pour trahir. Il n'est plus question, pour elle, de la liberté que les nouvelles institutions de 1870 lui assuraient pour se manifester par la presse, la tribune, les prérogatives parlementaires, de manière à se faire entendre et à prévaloir dans les conseils du gouvernement. On dirait, à l'en croire, que ces institutions n'existaient pas au moment de la guerre et que le sentiment public n'avait aucun moyen de se produire et de se faire connaître; il semble que le pouvoir de l'Empereur était resté entier, qu'il gouvernait seul, que le Corps législatif et la presse étaient sans droits, que c'était toujours le pouvoir personnel, que c'était le pouvoir personnel seul qui avait voulu la guerre et qui devait en être responsable!

Telle est l'opinion en France!

Elle dit, dans la prospérité : « L'auteur de tous vos biens, c'est moi. »

Elle dit, dans l'adversité : « L'auteur de tous vos maux, c'est le gouvernement. »

Les victoires sont pour elle, les défaites pour lui!

Heureusement, l'opinion laisse quelquefois après elle des traces et des témoins de ses courants divers et contraires. J'ai dû m'arrêter, pour les signaler, à ces traces, à ces témoins; je l'ai dû, dans l'intérêt de la vérité, d'abord, et dans l'intérêt, ensuite, de la démonstration que j'ai entreprise.

Il est certain que c'est la nation qui a voulu la guerre, et c'est l'opposition qui, depuis 1866, y a le plus poussé. Elle, aussi, avait son spectre avec lequel elle agitait l'opinion, le spectre de Sadowa; elle reprochait, chaque année, au gouvernement la bataille de Sadowa, absolument comme si l'armée française y avait été engagée et battue elle-même. Elle apostrophait la majorité du Corps législatif en l'appelant : « *majorité de Sadowa!* » C'était un texte d'incessantes accusations : on montrait la France abaissée, amoindrie, déchue de son rang de grande nation. Il en résultait, dans les esprits, une permanente et très-vive fermentation; c'était une situation difficile et dangereuse parce que, en France, la fibre nationale est facilement impressionnable et irritable. Une telle situation pouvait faire sortir la guerre du premier incident diplomatique survenu avec la Prusse [1].

[1] « Vous acclamez en toute occasion la paix; en toute occasion vous l'affirmez; en toute occasion vous formez des vœux pour son maintien, et, en réalité, vous votez tous les jours la guerre. Oui, vous votez tous les jours la guerre; chaque fois qu'un orateur se lève dans cette assemblée pour vous démontrer qu'après tout, les événements accomplis en Allemagne ne sont ni menaçants, ni humiliants pour nous, vous couvrez sa voix de murmures; au contraire, dès qu'un orateur affirme que la victoire de Sadowa est pour la France une espèce de défaite, un affaiblissement, une diminution de prestige, vous applaudissez... Eh bien! dans un pays tel que celui-ci, fier, susceptible, sensible au point d'honneur, il est impossible qu'à la tribune, dans la presse, on pense, on soutienne, on répète tous les jours, sous

Dans les incidents, en effet, qui sont survenus, et notamment dans ceux du Luxembourg et du mont Saint-Gothard, l'émotion publique était si grande, qu'il a fallu que le gouvernement fût bien résolu à maintenir la paix pour que la guerre n'éclatât pas. S'il avait voulu la guerre, s'il avait eu un intérêt personnel à la faire, ainsi qu'on l'en accuse, il n'aurait pas laissé échapper des occasions comme celles-là sans en profiter. Il s'est passé, à ces diverses époques, des heures d'angoisses pendant lesquelles il semblait que tout espoir de conciliation était perdu et que l'incendie allait s'allumer. Pour conjurer le danger, pendant que l'opposition attisait toujours dans les âmes la flamme du patriotisme, on comprend combien l'Empire a dû dépenser d'efforts, de patience, de dévouement; il n'aurait pas tout sacrifié à la paix, il ne se serait pas exposé à lui sacrifier jusqu'à sa popularité, s'il n'avait pas eu la ferme conviction que la paix était le premier

toutes les formes, dans toutes les occasions, que nous sommes amoindris, compromis, abaissés... sans qu'une véritable émotion ne se manifeste; il est impossible que lorsque celui qui préside au gouvernement s'appelle Napoléon, *quels que soient ses sentiments d'humanité, quels que soient sa compréhension, son désir de maintenir la paix, il est impossible qu'il résiste longtemps, qu'il résiste toujours à une pression aussi constante, aussi répétée, aussi impérieuse...* Il faut donc que cette chambre, que cette nation, non-seulement se résignent à ce qui s'est accompli, mais qu'elles l'acceptent sans arrière-pensée, ou bien qu'elles envisagent d'une manière virile la nécessité tôt ou tard inévitable d'une guerre sérieuse, d'une guerre terrible avec l'Allemagne. Vous me contredirez, vous me démentirez, vous affirmerez que vous voulez la paix, cela ne changera pas ma conviction. Vous avez beau vouloir la paix, si vous ne changez pas votre politique actuelle, LA GUERRE VOUS SAISIRA MALGRÉ VOUS. » (*Discours de M. Émile Ollivier*, décembre 1867.)

besoin, la nécessité la plus impérieuse de la politique de la France.

Malheureusement, l'incident Hohenzollern, en continuant la série fatale des prétentions injurieuses de la Prusse, en venant s'ajouter aux causes d'irritation qui existaient déjà et que les partis faisaient toujours métier d'exagérer, c'était comme le comble de la mesure, c'était comme l'étincelle mettant le feu aux matières inflammables préparées par l'opposition. J'ai montré comment, cette fois, l'Empire avait dû se trouver entraîné à la guerre; au lieu de rencontrer dans les partis des auxiliaires pour calmer l'opinion et rendre possible une transaction, il n'y a trouvé que des artisans d'agitation excitant les esprits et rendant impossible tout rapprochement.

Si encore les révolutionnaires pouvaient dire que le corps législatif du second Empire n'était que le produit d'un suffrage restreint, comme les chambres de la Restauration et du gouvernement de Juillet, ils pourraient être fondés à prétendre que plusieurs millions de citoyens n'ayant pas concouru à l'élection d'une telle assemblée, cette assemblée ne représentait pas toute la nation, et, dès lors, son vote pour la guerre n'étant pas le vote de la nation, ce n'était pas la volonté de la nation.

Mais ils ne peuvent pas dire cela. Les assemblées élec tives du second empire étaient le produit du suffrage universel le plus étendu qui ait jamais existé. L'histoire n'offre pas d'exemple de corps délibérants pénétrant aussi profondément, par l'élection, dans les couches populaires. Jamais la représentation nationale, en France, n'avait été aussi complète, aussi universelle. Ce n'était pas la représentation de certaines classes, de certains intérêts, de certaines catégories; c'était la représentation de tout le monde, de toutes les classes, de tous les intérêts, de toutes les catégories. Le pauvre comme le riche, l'ouvrier comme le patron, le paysan comme le noble, comme le bourgeois, tous étaient électeurs, éligibles et représentés.

« Mais cette représentation n'était pas sincère, disent les partis qui formaient les minorités parlementaires sous le second Empire; le gouvernement ne l'obtenait dans les élections que par des abus d'influence et par des manœuvres frauduleuses. Les majorités n'étaient donc que des majorité mensongères et n'étaient pas l'expression des sentiments de la nation. »

Telle est, en France, l'éternelle révolte des minorités contre les majorités. Les minorités, depuis 1852 jusqu'en 1870, comme de 1814 à 1851, ont subi, plutôt que reconnu, le droit des majorités. C'est la révolution qui nous a valu cette éducation politique à laquelle nous devons d'être un peuple ingouvernable. Il n'y a pas de gouvernement possible dans un pays où les minorités sont toujours à l'état de rébellion ouverte ou latente contre les majorités. Les minorités parlementaires, sous Napoléon III, comme sous la république de 1848, comme sous Louis-Philippe, Charles X, et Louis XVIII, n'ont pas cessé d'exciter l'opinion contre les majorités en les accusant d'être serviles, corrompues et de ne devoir leur succès, dans les élections, qu'à la pression et à l'intimidation administratives. Seulement, sous le second Empire, le nombre des électeurs étant de dix millions, tandis que, dans les périodes monarchiques précédentes, ce nombre n'était que de trois cent mille, les minorités ne pouvaient plus reprocher aux majorités d'être le résultat d'une loi électorale ne conférant l'électorat qu'à une seule catégorie de citoyens; elles ne pouvaient plus demander une extension du droit de suffrage, elles ne pouvaient plus réclamer le suffrage universel; elles l'avaient. Le seul moyen qu'il leur restait de faire la guerre aux majorités, c'était de leur dire qu'elles ne représentaient pas la majorité vraie du pays parce que le suffrage avait été vicié, faussé, dénaturé par l'intervention du gouvernement dans les élections.

Aujourd'hui, de telles accusations ne se réfutent plus. Tout le monde est d'accord pour reconnaître que rien n'est plus légitime que l'intervention du gouvernement dans les élections, comme dans toutes les luttes où il est en cause. La république de 1848, le gouvernement de Juillet, la Restauration ont eu leurs candidats dans les luttes électorales. La république de 1870 a eu les siens aussi, et quels candidats? Beaucoup d'entre eux étaient ses préfets, et, en Corse, pour combattre le candidat dont elle ne voulait pas, elle a reculé pendant six mois l'élection, elle a envoyé une flotte et un commissaire extraordinaire, elle a déplacé, mis à la retraite ou révoqué plus de cinquante fonctionnaires, employés ou agents de toutes les administrations. Que les minorités cessent donc d'attaquer la sincérité de la représentation des majorités sous le prétexte que l'élection de ces majorités aurait eu lieu sous l'influence et sous le patronage de l'autorité. Il n'y a plus que les naïfs ou les charlatans qui puissent soutenir de telles thèses. Dans tous les temps, sous tous les gouvernements, les minorités ont dit des assemblées dont elles faisaient partie qu'elles n'étaient pas des assemblées librement élues; de même, les majorités ont toujours dit des assemblées dont elles étaient les majorités qu'elles étaient les assemblées les plus librement élues qui aient jamais existé.

La vérité est que l'intervention du pouvoir dans les élections est nécessaire. Que certains abus soient inséparables de cette intervention comme de toutes les choses humaines, cela est incontestable et c'est aux assemblées elles-mêmes, dans leurs vérifications de pouvoirs, qu'il appartient d'en faire justice. Mais ce n'est pas une raison pour que la valeur morale d'un corps délibérant élu par le suffrage universel puisse en être infirmée : il n'est pas sérieux de prétendre que l'autorité soit à même d'exercer une action prépondérante sur des masses électorales aussi considérables que celles mises en mouvement par le suffrage universel. De telles masses ne se laissent conduire par le gouvernement que lorsque le gouvernement leur est sympathique : elles sont insensibles à son influence, à ses conseils, elles résistent à tous ses moyens d'action, si elles ne l'aiment pas, si elles n'en sont pas contentes. Rien alors ne les arrête dans leurs préférences; c'est comme un courant d'opinion qui s'établit parmi elles et qui les emporte. C'est ce qui est arrivé dans l'élection présidentielle du 10 décembre 1848. Tout le gouvernement, toute l'administration étaient contre la candidature du prince Louis-Napoléon. Cette candidature, cependant, a triomphé. Ce qui prouve qu'un gouvernement, quel qu'il soit, ne peut pas être le maître du suffrage universel. Le gouvernement fait réussir ses candidats là où il est populaire. Il est impuissant à les faire élire là où il est sans popularité. C'est ainsi que, sous le second Empire, les candidats de l'opposition étaient élus dans les circonscriptions où le gouvernement avait peu de partisans. Cependant, le gouvernement intervenait dans ces circonscriptions comme dans les autres ; il ne négligeait l'emploi d'aucun moyen légitime d'influence ; seulement, il échouait.

Ainsi, le Corps législatif qui a voté la guerre en 1870 était bien la représentation vivante, fidèle, complète de la nation. Son vote pour la guerre a été véritablement le vote de la nation.

Il faut ajouter que le Corps législatif, en votant la guerre, ne faisait que se mettre d'accord avec la politique du ministère de cette époque ; ce ministère était celui du 2 janvier, ministère parlementaire appuyé par une partie de l'opposition et dont M. Thiers disait, montrant les bancs des ministres : « MES OPINIONS SONT ASSISES SUR CES BANCS. »

La guerre fut votée par deux cent quarante-sept voix contre dix.

Parmi les députés qui votèrent pour la guerre, il convient de citer MM. Gambetta, Simon, Ferry, Picard, Dorian, Magnin, de Kératry, Rampont, Steenackers, Barthélemy Saint-Hilaire, Larrieu, Lecesne, Bethmont, Carré-Kérisouët, Javal, de Jouvencel, Guyot-Montpayroux et Wilson, c'est-à-dire à peu près toute la gauche.

Le lendemain de la déclaration de guerre, *l'Univers* écrivait : « La guerre où nous entrons n'est pour la

France ni l'œuvre d'un parti, NI UNE AVENTURE IMPOSÉE PAR LE SOUVERAIN. La nation s'y donne de plein cœur. »

Le Soir disait : « CE N'EST PAS L'EMPEREUR NAPOLÉON III QUI, DE SON CHEF, A DÉCLARÉ LA GUERRE ACTUELLE ; C'EST NOUS QUI LUI AVONS FORCÉ LA MAIN. »

Lorsque les députés de l'opposition, comme les députés de la majorité, comme les écrivains de la presse quotidienne, votaient ou acclamaient ainsi la guerre, ce n'était pas sans savoir quel était notre effectif militaire et quel était celui de la Prusse. Ils avaient pu l'apprendre par les discussions de chaque année dans l'enceinte législative ; ils avaient pu voir aussi, par les votes de l'armée dans le scrutin du plébiscite qui venait d'avoir lieu, à quel chiffre s'élevait le nombre de nos soldats. Le nombre des votants militaires avait été de 375,000. Enfin Napoléon III, le 12 décembre 1866, avait fait insérer dans *le Moniteur universel* une note qui contenait un grave avertissement et qui était comme un cri d'alarme.

Il résultait de cette note que, à la clarté du coup de foudre de Sadowa, toute la puissance de l'organisation prussienne et tous ses dangers pour l'Europe s'étaient révélés à l'empereur et lui avaient fait comprendre aussitôt la nécessité de l'augmentation de notre effectif et de la transformation de notre armement. « Il s'était empressé de réunir une grande commission militaire qu'il avait chargée de lui préparer un projet de loi ayant pour but de constituer, avec le moins de dépense possible, une force de 1,200,000 hommes, dont deux tiers d'armée active et un tiers de réserve. La commission avait achevé son œuvre : son projet donnait à la France 1,200,000 soldats exercés en n'augmentant que faiblement les charges du budget : il disciplinait la nation entière, en l'organisant bien plus dans une pensée de défense que dans une pensée d'agression ; il relevait l'esprit militaire sans nuire aux vocations libérales ; il consacrait enfin ce grand principe d'égalité que tous doivent le service au pays en temps de guerre et n'abandonnait plus à une seule partie du peuple le devoir sacré de défendre la patrie. »

Ce projet, émané de l'initiative personnelle et prévoyante de l'Empereur, fut mal accueilli et finalement repoussé par l'opinion et le Corps législatif ; il faut en accuser les orateurs et les journaux de l'opposition qui, par l'impulsion qu'ils donnèrent aux esprits dès le premier jour, les entraînèrent dans une voie d'hostilité et de protestation contre une réforme militaire qui eût peut-être épargné à la France ses plus grands désastres.

M. Magnin disait, au Corps législatif : « Vous savez quelle explosion de cris s'est élevée dans toute la France à l'annonce de ce projet de loi. Personne n'a voulu ni pu l'accepter... L'opinion publique lui a été si défavorable, que *l'empereur a dû lui faire subir quatre transformations successives dont chacune d'elles a été successivement repoussée;* et enfin le chef de l'État est venu annoncer à l'ouverture de la présente session que des *modifications considérables* seraient apportées au projet de loi à l'état de rapport. IL NE S'AGIT PLUS DE MILITARISER LA NATION, mais de modifier quelques dispositions de la loi de 1832. »

« M. JULES SIMON : Ce qui importe, *ce n'est pas le nombre des soldats*, c'est la cause qu'ils ont à défendre. Si les Autrichiens ont été vaincus à Sadowa, *c'est qu'ils ne tenaient pas à vaincre pour la maison de Habsbourg contre la patrie allemande...* Oui, messieurs, il n'y a qu'une cause qui rende une armée invincible, *c'est la liberté !...* Nous voulons une armée de citoyens *qui fasse disparaître l'excessive discipline* qui tue le citoyen dans le soldat... Dire à un homme que son premier devoir est d'obéir immédiatement, sans réflexion, à ses chefs, cela résulte du principe des armées permanentes, c'est ce qu'on a nommé l'esprit militaire...

« M. PELLETAN : C'est l'esprit prétorien ! »

« M. JULES SIMON : *Le militarisme est la plaie de l'époque.* Il n'y a pas d'armée sans esprit militaire, me dit-on; *alors nous voulons une armée qui n'en soit pas une...* On nous rendra cette justice de dire que toutes les fois qu'il a été question d'organiser ce qu'on appelle la paix armée,

ON NOUS A TROUVÉS EN TRAVERS DE TOUTES LES MESURES PROPOSÉES POUR ARRIVER A UN BUT CONTRAIRE A TOUS NOS DÉSIRS, A TOUTES NOS ASPIRATIONS, A TOUS NOS PRINCIPES. »

« M. PICARD : ... On vous dit qu'il nous faut huit cent mille hommes! Depuis quand parle-t-on, en France, ce langage? Depuis quand vient-on dire publiquement, dans une assemblée française, non-seulement que nous avons des précautions d'une nécessité absolue à prendre pour la défense de nos frontières, CE QUI EST, PEUT-ÊTRE, PRÉVOIR LE DANGER DE BIEN LOIN, mais en même temps que, pour conserver à notre pays son autonomie, il nous faut une force de 800,000 hommes? *Rien ne justifie* les armements exagérés qui écrasent le pays... L'ancienne garde nationale *était bien préférable* à la garde mobile et d'un secours plus efficace... Dans la nouvelle loi, on s'est placé à un point de vue exclusivement militaire et non point au point de vue civil... »

« M. GARNIER-PAGÈS : ... Il n'y a qu'une bonne organisation militaire, *la levée en masse!* La vraie puissance n'est pas l'influence de la force armée, *c'est l'influence morale...* Vous nous demandez de l'argent pour la confection de 1,200,000 chassepots, pour la mise en état des places fortes! A quoi cela vous servira-t-il? *Qu'est-ce que la force matérielle*? Ah! si vous vouliez, au contraire, *employer la force morale, quelle puissance vous auriez!* Si vous vouliez avoir confiance dans le peuple et dans la liberté ! Le budget de la guerre vous mène à la banqueroute : *c'est la plaie, c'est le chancre qui nous dévore...* »

« M. de Talhouet, rapporteur : ... Nous proposons de porter 91 millions pour la confection de 1,200,000 chassepôts et la transformation de 350,000 anciens fusils. S'il a pu être établi en principe qu'on devait avoir trois fusils par homme lorsque le modèle paraissait définitif, *ce n'est pas à une époque où les perfectionnements se succèdent avec une aussi grande rapidité qu'il fallait arriver de suite au maximum des réserves qu'on peut être appelé à faire*... Pour les places fortes, on nous a d'abord demandé *cent dix millions ;* ce premier projet ayant été écarté, on nous en a présenté un second montant à soixante millions. La commission trouvant ce chiffre beaucoup trop élevé, n'a accordé que trente-six millions... *Nous avons voulu montrer nos tendances au gouvernement et l'engager à restreindre les dépenses...* »

« M. Jules Favre : ... C'est après quinze ans de règne qu'on veut décréter que la France entière sera *disciplinée* et que, au lieu d'être un atelier, elle ne sera qu'une *vaste caserne*... On vous dit qu'il faut que la France soit armée comme ses voisins, que sa sécurité est attachée à ce qu'elle soit embastionnée, cuirassée et qu'elle ait dans ses magasins des monceaux de poudre et de mitraille !...

Tout cela, c'est de l'ancienne politique, c'est de la politique de haine, ce n'est pas de la politique d'expansion et d'abandon... Ayez donc confiance dans le patriotisme des popution, *c'est là le meilleur des remparts ;* il vaut mieux que ceux que vous pourriez puiser dans les armes offensives et défensives... Organiser la France en pleine paix pour une grande guerre, *quand rien ne la menace,* C'EST UNE COUPABLE FOLIE ! »

« M. THIERS : ... La Prusse, selon M. le ministre d'État, nous présenterait 1,500,000 hommes. Mais, je le dedemande, *où a-t-on vu ces forces formidables?* La Prusse, combien d'hommes a-t-elle portés en Bohême, en 1866? 300,000 environ. *C'est qu'il ne faut pas se fier* à CETTE FANTASMAGORIE DE CHIFFRES. Ce sont là des FABLES *qui n'ont jamais eu aucune espèce de réalité. Donc, qu'on se rassure,* NOTRE ARMÉE SUFFIRA *pour arrêter l'ennemi. Derrière elle, le pays aura le temps de respirer et d'organiser tranquillement ses réserves.* EST-CE QUE VOUS N'AUREZ PAS TOUJOURS DEUX OU TROIS MOIS, C'EST-A-DIRE PLUS QU'IL N'EN FAUDRA pour organiser la garde nationale mobile et utiliser ainsi le zèle des populations? »

« M. GRESSIER, rapporteur : Déduction faite des non-valeurs, la loi de 1832 ne vous permet de mettre en ligne que 289,000 hommes. Est-ce assez? (*A gauche :* Oui! oui!)... Grâce à la commission, l'institution de la garde mobile ne sera pas ce qu'on en voulait faire. Les mobiles ne logeront pas chez l'habitant, n'iront pas au camp d'instruction... *on aura ainsi, en fait, une garde nationale mobile sur le papier...* »

« M. ROUHER : ... M. Thiers traite de fantasmagorie nos calculs. Ils sont pourtant exacts. *La Prusse, en certains cas, pourra disposer de* 1,300,000 *hommes.* Et je prétends que c'est faire un fond sérieux dans le courage de nos soldats que de penser qu'avec une force de 750 à 800,000 hommes, la France pourra résister à une telle puissance militaire. On ne doit pas oublier quelle distance il y a de l'effectif nominal à l'effectif disponible. Ainsi, en 1859, ayant 639,000 hommes sur le papier, nous n'en avons pu en envoyer en Italie que 229,000. A Solférino, il n'y en avait que 107,000. »

« M. LE MARÉCHAL NIEL : ... On vous demande d'armer la nation sans l'organiser. La vraie levée en masse sérieuse, pratique, c'est le système prussien. Quant à la levée d'hommes sans éducation militaire, c'est un monstrueux préjugé. De nombreuses citations établissent que, en 1792, le pays a été sauvé MALGRÉ *les levées en masse qui ne servirent que l'ennemi, en jetant l'indiscipline dans l'armée et l'effroi dans la population...* On a contesté les indications que nous avions fournies sur l'armée prussienne, les chiffres que nous avions produits ; nous devons les maintenir ;

ILS SONT DE LA PLUS RIGOUREUSE EXACTITUDE... Pour combattre ces masses, les volontaires afflueraient, dit-on! Hélas! ce sont là des tableaux poétiques...; moi, je demande du positif... Le gouvernement avait demandé la faculté de réunir la garde mobile pendant huit jours; j'ai exposé à la commission les raisons du gouvernement : JE N'AI PU LA CONVAINCRE. *La commission pense que ce serait imposer un fardeau trop lourd aux populations.* Ce sont là des paroles dangereuses. Je crois que la garde mobile est appelée à un grand avenir; *mais si les populations se persuadent qu'on leur demande trop, leur zèle se ralentira*... Il y a, dans ce moment, une transformation plus importante encore que la transformation de l'armement : c'est le passage du pied de paix au pied de guerre. Comment se fait-il que celui qui a l'honneur de parler devant vous *soit mis dans l'impossibilité d'atteindre le but qu'il se propose* (avec émotion); OUI, VOUS ME RENDEZ LA TACHE IMPOSSIBLE... *je ne pourrai pas soutenir longtemps le rôle qui consisterait à venir vous dire à chaque instant : Ce que vous faites pour l'armée est insuffisant;* car le pays pourrait croire qu'il n'a pas de forces suffisantes sous la main. Je ne saurais remplir mon devoir si, à chaque instant, je montais à cette tribune pour vous dire que ce que vous m'accordez est insuffisant, et si j'exposais ainsi le pays à douter de ses forces militaires au milieu de la situation actuelle de l'Europe... COMMENT

POUVEZ-VOUS VOULOIR QUE L'ON ME REFUSE A CHAQUE INSTANT LES CHOSES QUE JE REGARDE COMME NÉCESSAIRES ?... Nous avons moins d'artillerie que toutes les autres puissances de l'Europe. Nous avons deux pièces par 1,000 hommes. *Il y a des inconvénients à entrer dans tous ces détails, je ne me le dissimule pas, et je répugne à dévoiler ainsi notre situation à chaque instant et sur chaque point; mais je remplirai ma mission jusqu'au bout.* Eh bien, au moment actuel, il serait souverainement imprudent de descendre au-dessous d'une artillerie nécessaire pour servir 240,000 hommes. JE VOUS EN SUPPLIE, laissez-moi mes chevaux d'attelage, et surtout *ne me forcez pas à avouer en public mon insuffisance.* Les autres cabinets suivent attentivement ces débats : C'EST LA QUE SE DÉCLARE LA GUERRE, *et si l'on s'aperçoit que toutes les solutions sont prises contre le ministre de la guerre, il y a de grands inconvénients... Je dis que vraiment les choses publiques de l'armée ne peuvent être conduites de cette façon...* En ce qui concerne la cavalerie, nous avons déjà 36 escadrons de moins qu'en 1867... En ce qui concerne la garde mobile, vous avez vu au budget que l'organisation de cette garde COUTERA 14 MILLIONS! Vous ne m'avez donné que CINQ MILLIONS ! Je ne puis donc pas l'organiser en totalité... »

. . . .

M. THIERS : « Voici comment votre commission s'est débarrassée des travaux de la guerre; on demandait

144 *millions* pour la transformation des fusils ; elle en a accordé 113 et elle a dit : Vous ferez 1,200,000 fusils cette fois. Mais, est-ce que dans la situation de l'Europe, vous entendez réduire l'armement de la France à 1,200,000 fusils? — Pour l'artillerie, la *commission se débarrasse de* 13 *millions et accorde deux millions cinq cent mille francs.* Eh bien, je dis qu'il faut transformer notre artillerie *le plus tôt possible.* Pour les fortifications, la commission accorde *trente-six millions!* C'est se livrer à un ILLUSION DÉSASTREUSE de croire qu'avec *trente-six millions* on parviendra à mettre nos places fortes dans l'état où elles doivent être. Quand on a demandé *cent dix millions*, on a demandé l'*indispensable seulement*... (S'adressant à la gauche) : On vient soutenir ici tantôt l'intérêt de l'Allemagne, tantôt l'intérêt de l'Italie, *à ce point qu'on pourrait se croire au parlement de Berlin ou au parlement de Turin.* Les nations peuvent faire, suivant vous, tout ce qui leur plaît. *Songez donc qu'en raisonnant ainsi*, VOUS DÉSARMEZ LA FRANCE !... Si nous avons la paix, si on ne nous menace pas, *c'est qu'on nous sait prêts à faire la guerre*... Savez-vous pourquoi la paix a été maintenue ? C'EST PARCE QUE VOUS ÊTES FORTS!... Lors de l'affaire du Luxembourg, la France n'était pas dans L'ÉTAT OU ELLE DOIT ÊTRE pour être respectée. CE QUI L'Y A REPLACÉE, CE SONT LES ARMEMENTS DU MARÉCHAL NIEL... *M. le maréchal Niel a rendu au pays un*

service immense, et on devrait faire remonter le maintien de la paix aux armements qu'il a faits en 1867... On ne peut pas remplacer une armée régulière par une nation armée ; rien ne supplée l'organisation permanente. Il faut pouvoir passer rapidement du pied de paix au pied de guerre. Or, on ne peut passer rapidement du pied de paix au pied de guerre que lorsqu'on peut, en très-peu de temps, en six semaines, en deux mois, porter un régiment de l'effectif de paix à l'effectif de guerre. Lorsqu'un régiment a 1,500 hommes et doit passer à 4,000 hommes pour entrer en campagne, que deviennent les 1,500 hommes noyés dans tous ceux dont l'instruction est à peine commencée ? Il faut donc, pour que l'armée puisse passer rapidement du pied de paix au pied de guerre, que l'effectif ne descende pas au-dessous d'un certain chiffre... »

. . . .

« M. de Kératry : M. le maréchal Lebœuf demande une somme de QUARANTE MILLIONS pour l'organisation complète de la garde mobile... *Je ne vois pas quelle peut être l'utilité immédiate d'une telle dépense...* L'effectif de la Prusse, je veux dire de la Confédération du Nord, pendant que la France, pour 1871, demande un contingent de 400,000 hommes, comme en 1870, et un budget de guerre de 369,621,036 francs, ne s'élève, pour 1871, sur le pied de paix, qu'à 299,704 hommes qui seront mis à la disposition du généralissime fédéral et qui ne coûteront que 253,875,010 francs... Ainsi, la France n'a armé qu'en vue de la Confédération du Nord; et, pour 1871, lorsqu'on nous demande un effectif s'élevant, sur le pied de paix, à 400,000 hommes, cette même Confédération du Nord se contente d'un effectif de 229,000 hommes et de 216 millions argent pour l'armée active... (LE MARÉCHAL LEBŒUF : « C'est une erreur! ») Je demande donc la réduction du contingent à 80,000 hommes. »

« M. LE MARÉCHAL LEBŒUF : ..... Lorsqu'il s'est agi de la création de la garde mobile, deux systèmes étaient en présence : dans le premier, les gardes nationaux devaient être réunis tous les ans pendant quinze à vingt jours consécutifs, soit dans une place, soit dans un camp, où ils auraient été soumis à la discipline militaire et auraient ainsi reçu une instruction sérieuse. La garde mobile aurait été une espèce de landwehr. Ce projet, qui était celui du maréchal Niel, n'a pas prévalu, et la Chambre a préféré le second système, qui n'autorise que quinze réunions par an, à des jours différents et sous la réserve expresse que les jeunes gens ne découcheront pas. Dans ce dernier système, il n'y a pas d'instruction sérieuse possible... »

. . . .

« M. Thiers : ... J'étais en Autriche, il y a quelques années, au moment où on discutait le budget de la guerre. Savez-vous pourquoi l'Autriche, avec une armée admirable, *a éprouvé de si grands malheurs?* C'est parce que, par des *réductions imprudentes dans le budget de l'armée*, on avait mis le gouvernement autrichien *dans l'impossibilité de faire face à tous les besoins de la guerre...* »

« M. de Latour : ... La Prusse a triomphé en 1866 et elle devait triompher parce que, pendant que la transformation prussienne, ce grand événement militaire, s'accomplissait à Berlin, *les docteurs du parlement autrichien travaillaient à diminuer et à désorganiser l'armée sous prétexte de faire des économies dans les finances.* »

. . . .

Voilà ce qu'ils savaient tous, quand ils se déclaraient pour la guerre, les députés de l'opposition, ceux de la majorité, tous les écrivains politiques, tout le pays, enfin! Ils savaient tout, on leur avait dit tout, on les avait avertis de tout, et, cependant, ils voulaient la guerre, ils la votaient!

On leur avait dit que la Prusse pouvait mettre sur pied jusqu'à une armée de 1,300,000 hommes. Ils ne l'avaient pas cru! Ils avaient répondu : « C'est de la fantasmagorie! »

On leur avait dit que, en présence d'une organisation

militaire aussi puissante que celle de la Prusse, il fallait à la France une armée de 900,000 hommes, au moins, ayant pour principe le service obligatoire. Ils ne l'avaient pas cru! Ils avaient répondu : « Vous voulez faire de la France une vaste caserne. » Et ils avaient rejeté le projet de loi qui leur était présenté.

On leur avait demandé QUARANTE MILLIONS pour l'organisation d'une garde nationale mobile, appelée à devenir une espèce de landwehr à la condition de se réunir pendant quinze ou vingt jours consécutifs, soit dans une place, soit dans un camp, où elle aurait été soumise à la discipline militaire, où elle aurait reçu une instruction sérieuse et d'où serait sortie une nation disciplinée. Ils n'avaient accordé que CINQ MILLIONS, n'avaient autorisé que quinze réunions par an, à des jours différents, et sous la réserve expresse que les jeunes gens ne découcheraient pas! Ils avaient répondu : « C'est du militarisme! il ne faut pas imposer un fardeau trop lourd aux populations! »

On leur avait dit qu'il faut qu'une armée soit assez forte sur le pied de paix pour pouvoir passer rapidement sur le pied de guerre, et que, dès lors, l'effectif ne doit pas descendre au-dessous d'un certain chiffre. Ils avaient réduit le contingent et renvoyé 110,000 hommes en congé!

On leur avait demandé, on les avait suppliés « de ne pas oublier quelle distance il y a de l'effectif nominal à l'effectif disponible; qu'en 1859, ayant 639,000 hommes sur le papier, nous n'avions pu en envoyer en Italie que 229,000, et qu'à Solferino, il n'y en avait que 107,000! » Ils avaient refusé d'augmenter l'effectif; ils l'avaient même réduit, et ils votaient la guerre quand même!

On leur avait dit que la cavalerie était insuffisante; qu'elle avait été trop réduite; qu'elle comptait déjà 36 escadrons de moins qu'en 1867. Ils avaient voté une réduction nouvelle!

On leur avait demandé 144 millions pour la transformation des fusils, pour avoir trois millions de fusils chassepots. Ils n'avaient accordé que 113 millions, c'est-à-dire un million de fusils chassepots seulement!

On leur avait dit que « nous avions moins d'artillerie que toutes les autres puissances de l'Europe; que *la loi de finances n'autorisait* que l'entretien de 164 cadres de batteries de campagne, 126 batteries montées et 38 batteries à cheval de la garde et de la ligne, pouvant atteler et servir 984 bouches à feu; mais que ces 984 bouches à feu ne pouvaient pas même être mises sur pied *instantanément, car le budget ne permettait* de payer et d'entretenir que 34,000 hommes et 16,000 chevaux, tandis qu'il fallait 58,000 hommes et 39,000 chevaux pour le complet du pied de guerre des troupes de l'artillerie; on leur avait demandé de nouveaux crédits; ils avaient répondu : « Il faut faire des économies! »

On leur avait demandé TREIZE MILLIONS pour fondre de nouveaux canons; ils avaient accordé DEUX MILLIONS cinq cent mille francs!

On leur avait demandé CENT DIX MILLIONS pour des travaux de fortifications reconnus indispensables; il avaient voté TRENTE-SIX MILLIONS!

Enfin, aux élections de 1869, leur mot d'ordre était : Réduction des charges militaires! Économies! économies!

A eux donc la responsabilité de la guerre!

Ils savaient, par les déclarations répétées à la tribune et par des notes et des correspondances insérées au *Journal officiel* et qui n'étaient que la reproduction des rapports du baron de Stoffel, que la Prusse pouvait disposer d'une armée de 1,300,000 hommes; ils savaient, par les déclarations du gouvernement, par l'*Exposé de la situation de l'empire*, que l'effectif de l'armée active, en France, était de 434,356 hommes; qu'en déduisant de ce chiffre le total des hommes en congé (soit 108,000 hommes) l'effectif disponible et présent sous les drapeaux n'était plus que de 325,525 hommes; que même ce dernier chiffre devait être réduit, parce que la gendarmerie, les dépôts, les établissements militaires de toute nature immobilisent un homme sur trois dans l'effectif de paix, un homme sur huit ou dix dans l'effectif de guerre. M. Thiers leur disait qu'une telle armée « suffirait pour arrêter l'ennemi; que, derrière elle, le pays aurait le temps de respirer et d'organiser tranquillement ses réserves; qu'on aurait toujours deux ou trois mois, c'est-à-dire plus qu'il n'en faudrait pour organiser la garde nationale mobile et utiliser ainsi le zèle des populations. » Ils savaient que, l'effectif ayant été réduit, le passage du pied de paix au pied de guerre était difficile et comportait des délais qui pouvaient tout compromettre; ils savaient que les places fortes étaient en mauvais état, que l'artillerie était insuffisante; la cavalerie, également; la garde nationale mobile, aussi; la quantité des chassepots, aussi... Ils savaient que la France n'était *prête* pour faire la guerre que dans les conditions que lui faisait un budget militaire restreint, réduit, rétréci par leurs chicanes et leurs méfiances antipatriotiques; ils avaient rendu la guerre inévitable en s'acharnant à dénoncer sans cesse l'amoindrissement, l'abaissement de la France depuis Sadowa et en exaspérant ainsi le sentiment national; et, en même temps, ils l'avaient rendue impossible ou grosse de périls en refusant les moyens de la faire utilement, en refusant les crédits indispensables... Ils savaient tout cela et ils votaient la guerre ! Encore une fois, à qui la responsabilité, sinon à eux-mêmes ?

Pour être vrai, il faut reconnaître qu'avant nos malheurs, dans le monde politique, dans le monde des affaires, partout, on ne croyait pas à l'insuffisance de notre armée, de nos ressources, de nos préparatifs ; on ne croyait pas, malgré les avertissements réitérés du gouvernement, à la formidable organisation militaire de la Prusse ; on continuait de se persuader que l'armée française, par son courage héroïque, par son irrésistible élan, pouvait compenser son infériorité numérique, comme elle l'avait fait dans d'autres campagnes. On disait : « L'armée prussienne ne peut faire une campagne d'un mois. Si, après Sadowa, l'Autriche eût tenu quinze jours de plus, la Prusse était perdue !.... Dans l'organisation militaire prussienne, c'est toute la nation armée qui est envoyée au premier choc ; il n'y a plus rien derrière. Si elle débute par un échec, elle est aussitôt vaincue définitivement et irrévocablement ; elle ne peut plus continuer la lutte. » On disait encore : « En cas d'attaque, la France aura toujours deux ou trois mois pour s'armer, pour s'organiser. » La France croyait trop à elle-même ! Elle se croyait encore la France d'autrefois ; elle avait pour elle sa vieille armée, l'ancien prestige, le souvenir de ses victoires passées ; elle avait surtout cette folle insouciance qui devait nous perdre cette fois-là, mais qui nous avait tant et si souvent servis pendant toute l'étendue de notre histoire militaire. Elle se disait : J'ai été victorieuse de la Russie en Crimée, à l'Alma, Inkermann, Traktir, Sébastopol, Malakoff; de l'Autriche en Italie, à Magenta, Solférino; pourquoi ne serais-je pas victorieuse aussi de la Prusse en Allemagne? La France d'aujourd'hui est trop près de la France de 1854 et de 1859 pour qu'elle ait eu le temps de dégénérer !

Et, en se disant cela, la France sans doute, pouvait se tromper, comme tout le monde s'est trompé, d'ailleurs, sur l'issue de la guerre. Elle vivait d'illusions, elle vivait de cette infatuation incurable qui devait lui être si fatale. Pas un homme d'État, pas un militaire, pas un écrivain ne doutait de la supériorité de nos armes et ne s'inquiétait de notre infériorité en nombre.

M. le prince de Joinville écrivait[1] : « Nous ne croyons pas nous tromper en disant qu'il y a eu chez nous, peuple et gouvernement, un effet d'imagination vraiment regrettable au lendemain de Sadowa ; nous avons paru nous défier de nos forces... Si de l'étude des faits et des récits officiels publiés depuis cette époque ressortait la preuve qu'indépendamment des mérites réels et incontestables auxquels les Prussisns ont dû leurs dernières

[1] *Études de marine et récits de guerre*, par le prince de Joinville.

victoires sur les Autrichiens, ils ont été, avant tout, singulièrement heureux; s'il est vrai que les hommes, les choses, les circonstances les aient servis d'une manière exceptionnelle et leur aient donné des supériorités nécessaires qui ont disparu aujourd'hui et ne se retrouveront plus, *si surtout il est facile de prouver qu'une lutte avec la France ne saurait leur donner les mêmes avantages, peut-être devra-t-on reconnaître* QU'ON S'EST TROP HATÉ *de prendre les mesures extrêmes, de prendre des mesures de défense nationale dont notre pays se montre fort ému et dont le principal résultat jusqu'ici a été de grandir encore le succès de nos voisins.* »

M. le général Changarnier exprimait la même opinion dans ces termes : « Les nombreuses catégories de non-valeurs étant déduites, un corps d'armée restant en Algérie, les places fortes et les côtes étant défendues, les dépôts étant convenablement pourvus, l'exposé des motifs du *projet de loi militaire* parle, avec quelque dédain, de 300,000 combattants, fusil ou sabre en main, canons attelés. Nous sommes frappé d'étonnement. On sait bien à quelles époques de pénible souvenir, Napoléon a eu un plus grand nombre de combattants, différents de race et de langage; ce n'est pas dans les immortelles campagnes d'Austerlitz et d'Iéna. N'ESSAYONS PAS D'ÉGALER LE CHIFFRE DE NOS SOLDATS A CELUI DE NOS ADVERSAIRES POSSIBLES; même en nous épuisant, nous ne serions pas sûrs d'y parvenir. NE NOUS EN INQUIÉTONS PAS. S'il est difficile à 3,000 hommes d'en combattre avec succès 5,000, il l'est infiniment moins à 60,000 d'en combattre 100,000. *Plus les proportions s'élèvent, moins l'infériorité numérique est fâcheuse.* En 1866, l'armée prussienne, très-jeune, doublée d'une réserve brusquement enlevée à ses occupations sédentaires, *a montré qu'elle n'est pas apte à supporter les fatigues d'une longue guerre. Dans une campagne de quelques jours, elle a jonché les routes de ses traînards, encombré les hôpitaux de ses malades.* Devant un ennemi tenace, obstiné, disputant pied à pied le sol de la patrie, *elle se serait éteinte*, malgré sa bravoure incontestée, longtemps avant l'accomplissement de sa tâche. »

Le maréchal Soult avait déjà dit autrefois : « *La quantité nous a toujours été fatale; la qualité nous a toujours donné la victoire.* Dans la campagne de France, si souvent heureuse, nous n'avions que le *cinquième* des forces de l'ennemi. »

Voilà quels étaient les endormeurs de la France ! C'était là ce qui se disait, ce qu'on pensait dans l'armée, dans le Corps législatif, dans la majorité, dans l'opposition, dans la presse, partout. Seuls, l'Empereur et son gouvernement avaient vu le péril et l'avaient signalé. Seuls, ils avaient indiqué le remède : ils avaient réclamé une nouvelle organisation militaire ; ils avaient insisté, prié, supplié. Ils avaient laissé voir leurs craintes, leurs douleurs, leurs angoisses, leur désespoir ; on ne les avait pas crus ! On leur avait tout refusé ! Qu'on cesse donc d'attribuer à l'Empire, dans les événements de la guerre de 1870, une part de responsabilité qui appartient beaucoup plus à tout le monde qu'à lui seul.

La responsabilité de l'Empire n'est pas davantage engagée dans le fait qu'on lui reproche d'avoir déclaré la guerre sans s'être assuré préalablement l'alliance de quelque grande puissance. Il est en droit de répondre qu'il s'était assuré des alliés et que, suivant certaines éventualités prévues, il y avait telle grande puissance qui devait s'interposer entre la France et la Prusse, exiger la discontinuation de la lutte et empêcher toute atteinte à l'intégrité du territoire français. La publication des documents diplomatiques de cette époque fera connaître un télégramme russe du 4 septembre qui atteste l'authenticité des promesses faites dans ce sens. Mais ces promesses faites à la France impériale et monarchique n'avaient pas été faites à la France révolutionnaire et républicaine ;

elles ne liaient plus devant la révolution du 4 septembre. De tout temps, les gouvernements de l'Europe monarchique et conservatrice se sont appliqués à empêcher que le foyer révolutionnaire de Paris s'étendît jusque chez eux. S'ils étaient intervenus en 1870-1871, ils auraient fortifié et consolidé la révolution et la république du 4 septembre. Cela n'a jamais été leur politique, ni leur intérêt. C'est donc la révolution du 4 septembre qui a été cause que l'Europe n'a pas fait mettre bas les armes à la France et à la Prusse. Sans cette révolution, on aurait vu si l'Empire avait ou n'avait pas des alliances. Avec cette révolution, toute intervention de l'Europe monarchique en faveur d'une France républicaine étant devenue impossible, on ne peut pas être fondé à prétendre que l'Empire était sans alliance ; car, il est toujours fondé à répondre qu'il en avait et que c'est par le fait de la Révolution qu'elles n'ont pas eu leur effet. Comment lui prouver le contraire ?

Ainsi, ce sont les événements du 4 septembre eux-mêmes qui font que la situation diplomatique de l'Empire, au moment de la déclaration de la guerre, ne peut être ni accusée, ni condamnée sans injustice et sans esprit de parti. Ces événements ont aussitôt mis la France en suspicion et l'ont séparée du reste du monde. C'est de la sorte que, depuis quatre-vingts ans, nos révolutions font le vide autour de nous; elles nous isolent de plus en plus des autres nations; elles désintéressent de la France les peuples et les gouvernements; nous restons toujours seuls au milieu de nos malheurs et de nos ruines. Nos saturnales révolutionnaires nous donnent l'air du génie du mal. Nous n'inspirons plus la sympathie, ni le respect, ni même la pitié! Devant nos sauvages excès, on détourne la tête et on s'éloigne ; les gouvernements ont peur de la contagion. On dirait que Dieu et le monde se retirent de nous!

On a prétendu que l'Empire aurait dû attendre, pour faire la guerre, que la Prusse, par ses envahissements successifs et par les entreprises incessantes de sa politique dominatrice, eût indisposé, irrité contre elle les diverses puissances de l'Europe. Dès lors, le jour où un conflit aurait éclaté entre la France et la Prusse, ces puissances nous auraient été sympathiques ; elles nous auraient soutenus de leur diplomatie, au moins ; elles seraient intervenues effectivement, si la lutte ne nous avait pas été favorable. Elles ne nous eussent pas laissés seuls, sans appui, à la discrétion de notre vainqueur.

D'abord, attendre! cela n'était plus possible; l'état des esprits ne le permettait plus; je l'ai démontré. Les événements de 1866, l'affaire du Luxembourg, celle du mont Saint-Gothard, d'autres affaires encore, avaient excité outre mesure et jusqu'au paroxysme la fibre nationale. Les partis exploitaient ces émotions du patriotisme, les entretenaient, les exagéraient. Le régime parlementaire, combiné avec le régime du suffrage universel, faisait l'opinion publique maîtresse d'elle-même et destituait le pouvoir de tous moyens d'action pour la diriger et la dominer. Il y a lieu de croire qu'à mesure qu'on serait entré plus avant dans la pratique d'un tel système politique, toute influence sur les esprits aurait échappé de plus en plus au gouvernement. Les partis auraient continué de rendre la guerre de plus en plus inévitable en continuant d'exploiter et de soulever contre l'Empire les passions du patriotisme ; en même temps ils auraient continué de rendre la guerre de plus en plus impossible ou, si elle éclatait, de plus en plus incertaine quant à la victoire, en continuant de déclamer contre le militarisme, contre les armées permanentes, et de réclamer des économies sur le budget du ministère de la guerre. Mais, dans cette hypothèse même d'une guerre faite dans les conditions diplomatiques les plus favorables, une révolution comme celle du 4 septembre éclatant, les meilleures dispositions des puissances étaient paralysées et se seraient évanouies ; les engagements pris par elles n'auraient pas été exécutés ; elles se seraient abstenues de toute intervention, de toute médiation ; elles auraient dit à la France : « Nous avions traité avec un gouvernement monarchique; ce gouvernement n'existe plus; nous sommes dégagées. Vous n'êtes plus la monarchie : vous êtes la révolution, la république; nous ne vous connaissons pas. »

C'est ainsi que, à quelque point de vue qu'on se place, en supposant même une guerre commencée sous la garantie des alliances les plus sérieuses, les plus certaines, le fait seul d'une révolution annulait ces alliances et nous condamnait à l'isolement.

Jusque-là, donc, sous le rapport diplomatique, comme en ce qui concerne la déclaration de la guerre et les préparatifs qui doivent en être inséparables, l'Empire n'a commis aucune de ces fautes qui font encourir les grandes responsabilités. De même, pour les opérations militaires.

Sur ce point, il est toujours difficile, sinon impossible, de parvenir à connaître la vérité. L'histoire enseigne que, dans tous les temps, les vaincus des batailles discourent sans fin et sans résultats sur les causes de leurs défaites. Au lieu de penser à la patrie, à ses malheurs et aux moyens de salut, ils ne pensent qu'aux intérêts de leurs personnalités; ils pensent à leurs justifications personnelles et, pour se justifier, ils s'accusent les uns les autres. Il y aurait plus de dignité pour eux et pour leur nation dans une résignation morne et silencieuse, dans les résolutions viriles, implacables, mais muettes; dans l'étude patiente, mais calme, de la revanche; dans la volonté inflexible, mais impénétrable, de se refaire, de se réorganiser pour assurer et hâter le jour de la résurrection. Ils seraient grands dans leur chute et c'est une grandeur qui, autant que la grandeur dans la victoire, élève les peuples dans l'estime du monde. Et puis, de telles controverses, de telles récriminations n'apprennent jamais rien ; elles sont fatalement impuissantes, stériles. Il n'existe aucun moyen de savoir avec quelque certitude, après l'événement, ce qui serait arrivé, quelle eût été l'issue de la lutte, si tel plan de campagne avait été adopté et suivi, si tel fait s'était produit, si tel autre n'avait pas eu lieu, si telle manœuvre avait été opérée, tel ordre donné, tel mouvement exécuté. Les esprits les meilleurs, les plus compétents sont unanimes à reconnaître que, en cette matière, les éléments de décision, les données manquent pour se former une opinion, pour porter un jugement qui soit fondé en raison et en justice. Il y a, dans toutes les guerres, même dans les mieux conduites, tant de hasard et d'imprévu, qu'on ne peut jamais être sûr que telle bataille perdue eût été gagnée si tel général n'avait pas commandé, si telle faute n'avait pas été commise, si telle disposition avait été prise, si tel événement n'était pas arrivé. Comment savoir s'ils ont raison ou tort ceux qui croient que, si les troupes que nous pouvions mettre sous les armes s'étaient trouvées en ligne assez vite, c'est-à-dire en même temps que celles de la Prusse, elles pouvaient tenir tête à ces dernières, racheter, comme elles l'avaient fait dans d'autres campagnes, leur infériorité en nombre par leur courage héroïque et leur irrésistible élan? N'aurait-il pas suffi, au début de la guerre, de pouvoir résister, sinon de vaincre. pour nous donner le temps d'achever nos préparatifs? Les personnages les plus autorisés de l'armée et de la politique ne disaient-ils pas que si la jonction du maréchal Mac-Mahon et du maréchal Bazaine avait lieu, tout était réparé et sauvé? Cela ne prouve-t-il pas que, même avec une armée, un armement et un budget militaire réduits par les exigences de l'opposition et du Corps législatif, on considérait encore la victoire comme possible et on avait encore de l'espoir?

D'où il suit que, le lendemain d'un grand désastre militaire, il ne faut pas se croire si facilement en mesure d'avoir une opinion et de faire la part des responsabilités. Il y a mieux à faire, pour chacun, à ces heures suprêmes, qu'à songer à sauver sa propre renommée en poursuivant chez les autres des responsabilités incertaines et insaisissables ; il y a à se consacrer de suite et tout entier à l'œuvre de reconstruction politique et sociale qui doit recréer la France et ses armées.

Il est vrai que cela ne fait pas le compte des révolutionnaires, en général, et des révolutionnaires du 4 septembre, en particulier. Ces derniers se sont sentis si criminels que leur premier besoin, comme leur premier intérêt, a été de se faire accusateurs pour n'être pas accusés. Ils ont compris qu'ils n'avaient qu'un moyen d'échapper à la haine et à la malédiction publiques : c'était de désigner l'Empire à cette haine et à cette malédiction en l'accusant de toutes les lâchetés, de toutes les hontes. De là, les outrages, les calomnies qu'ils ont vomis sur la capitulation de Sedan. Ils n'ont reculé devant aucun mensonge, devant aucune infamie pour faire de cette page de notre histoire une page déshonorante. Comme si les vaincus et les prisonniers de Sedan n'étaient pas des Français, l'Empereur des Français, la France enfin ! Mais les auteurs de l'attentat du 4 septembre avaient à faire oublier leur crime et à se le faire pardonner. Il leur fallait donc inventer à la charge de l'Empire des crimes encore plus grands et plus odieux.

Mais ces diffamations intéressées ne devaient pas tromper longtemps l'opinion. Les passions qu'on avait excitées pour trouver à de telles imputations un public docile et crédule n'ont pas pu résister à la vérité qui s'est fait jour. Les témoins les plus illustres, les plus autorisés du champ de bataille de Sedan ont parlé ; les maréchaux, les généraux ont apporté leurs témoignages. Il est établi désormais que, à Sedan, une armée qui avait combattu deux jours et qui avait laissé quatorze mille hommes sur le champ de bataille était cernée de toutes parts; jetée dans une place sans approvisionnements, dominée de tous côtés par les feux convergents de l'ennemi, elle était vouée à la destruction, sans défense possible. Que faire ? Livrer au massacre quatre-vingt mille hommes ou capituler. L'Empereur, après avoir vainement cherché la mort, a mieux aimé sauver quatre-vingt mille Français. Voilà Sedan !

Le général Lebrun, pour montrer au général Wimpffen l'impossibilité d'une trouée à travers les masses allemandes, tenta de se faire jour à travers ces masses profondes. Ayant à ses côtés Wimpffen lui-même, il se mit à la tête d'une colonne composée d'hommes intrépides qui criaient : « En avant ! en avant ! » Dès le premier élan, cette colonne fut fauchée; les hommes tombaient par masses, et ceux qui restaient debout se défilaient derrière les maisons. En se retournant, les généraux virent qu'ils n'étaient suivis que d'un petit groupe en désordre qui trébuchait sur les cadavres. Wimpffen, lui-même, atterré, s'arrêta et reconnut que le cercle était infranchissable.

Le roi Guillaume, contemplant la cavalerie française qui chargeait avec l'héroïsme des cuirassiers de Waterloo et des cuirassiers de Reischoffen, s'écria : *O les braves gens !* »

L'Empereur, voulant aller jusqu'aux points les plus avancés, gagna le fond de Givonne. Là, les projectiles arrivaient de tous les horizons ; la terre en était labourée. L'Empereur arrêta son cheval et resta longtemps à la même place, promenant un long regard sur l'horrible drame qui s'accomplissait et, après être resté cinq heures au plus fort de l'action, après avoir vu tomber les officiers de sa maison, le général de Courson, les capitaines d'Hendecourt et de Trécesson, l'Empereur se rendit chez le maréchal de Mac-Mahon. Sur le pont, deux chevaux furent tués à ses côtés et un obus éclata sous les pieds du cheval qu'il montait.

La bataille ne dura qu'une journée. Entassée dans un entonnoir, accablée par le nombre, broyée par l'artillerie, notre armée se montra digne de la France.

La capitulation, reconnue inévitable par un conseil de guerre composé de trente généraux, a été un grand malheur, un sujet de profonde tristesse, une épreuve terrible et cruelle. Mais qui oserait dire qu'il y a une honte dans cette douloureuse page de notre histoire militaire? Fallait-il ne pas capituler? C'était vouer à une mort certaine l'armée tout entière et avec elle la population de Sedan. Plus de 80,000 hommes.

« Le mot sublime de Corneille va droit au cœur d'un homme; mais qui donc a le droit de l'appliquer à 80,000 hommes? » dit avec éloquence et autorité un écrit attribué à M. le général baron Ambert[1].

Dans le procès verbal de la séance du conseil de guerre où fut votée la capitulation, on lit : « Le général a demandé aux officiers généraux présents si, dans leur pensée, la lutte était encore possible; la grande majorité a répondu par la négative; deux généraux seuls ont exprimé l'opinion que l'on devait ou se défendre dans la place, ou chercher à sortir de vive force. On leur a fait observer que la défense de la place était impossible, parce que vivres et munitions manquaient absolument; que l'entassement des hommes et des voitures dans les rues rendait toute circulation impossible; que, dans ces conditions, le feu de l'artillerie ennemie, déjà en position sur toutes les hauteurs environnantes, produirait un affreux carnage, sans aucun résultat utile; que le débouché était impossible, puisque l'ennemi occupait déjà les barrières de la place et que ses canons étaient braqués

[1] *Sedan et Paris.*

sur les avenues étroites qui y conduisent. Ces deux officiers généraux se sont rendus à l'avis de la majorité. En conséquence, le conseil a déclaré au général en chef qu'en présence de l'impuissance matérielle de prolonger la lutte, nous étions forcés d'accepter les conditions qui nous étaient imposées, tout sursis pouvant nous exposer à subir des conditions plus douloureuses encore ! »

Un autre procès-verbal, celui du conseil d'enquête parlementaire relatif à la capitulation de Sedan, apprécie dans les termes suivants le fait même dela capitulation : « Lors du refoulement des différents corps sur la place (de Sedan), l'Empereur, DANS LA PENSÉE D'ARRÊTER UNE INUTILE ET PLUS LONGUE EFFUSION DE SANG, et sans consulter le général en chef, ni les commandants de corps, avait fait arborer le drapeau blanc sur la citadelle. »

Est-ce là une capitulation honteuse ? Les capitulations honteuses sont celles qui eussent pu être évitées par des combats, des mouvements de tactique, des tentatives hardies ; ce sont celles où les âmes ont faibli, où les courages ont manqué. Rien de tout cela ne s'est vu à Sedan. Le combat est acharné, les mouvements impossibles, les sorties plus impossibles encore. Dix mille hommes restèrent sur le champ de bataille, quinze mille blessés furent transportés dans les ambulances. L'Empereur, qui ne commandait pas, qui n'avait pas de capitulation à discuter ou à signer, se plaça au milieu des soldats et comme eux attendit la mort. La capitulation fut décidée, formulée, arrêtée, signée par les généraux et non par l'Empereur. Napoléon s'est rendu personnellement au souverain de la Prusse, parce que ce souverain avait déclaré qu'il faisait la guerre à Napoléon et non à la France. L'Empereur devait espérer que, lui prisonnier, la France serait loyalement et généreusement traitée par le roi Guillaume.

Pourquoi donc prononcer avec colère le nom de Sedan? pourquoi le mépris, l'injure et le blasphème se joignent-ils à ce nom? Ces malédictions ne sont pas sincères. Sedan devait servir de prétexte à une faction pour renverser l'Empire et mettre la France au pillage. Le corps expirant de la mère patrie, son corps percé de coups devait servir à cette faction de tremplin pour la faire bondir jusqu'au pouvoir tant convoité. Alors, d'un grand malheur, elle a voulu faire une honte; elle n'a pas craint d'avilir nos pauvres soldats, de flétrir nos drapeaux ensanglantés. Mais le doigt de Dieu n'a pas épargné ces sacriléges. Défenseurs de Paris, ils ont capitulé!

Combien la capitulation de Sedan, signée Wimpffen et de Moltke, est plus digne de la France que la capitulation de Paris, signée Jules Favre et Bismark! Sedan dure toute une journée; c'est une action énergique. Pas un discours n'est prononcé. Nul ne songe aux paroles retentissantes. Tous regardent la mort en face, depuis l'Empereur jusqu'au dernier soldat. La mort passe au hasard, touchant l'un et laissant l'autre. On tombe en silence comme tombaient les martyrs. Aucun homme ne se drape dans un manteau de théâtre ; aucun ne jette à la foule ces phrases menteuses qui sont le signal de la faiblesse.

A Paris, la lutte dure 137 jours, du 15 septembre 1870 au 29 janvier 1871. Le premier jour, on dit avec emphase : *Ni un pouce de notre territoire, ni une pierre de nos forteresses !* Le dernier jour on murmure un peu timidement : *Le gouvernement ne capitulera pas.* Le lendemain on capitule ; on cède deux provinces.

Pourquoi tant de jactance ici, et tant de résignation là-bas ? C'est que la résignation est la dernière vertu des armées, et que la jactance est familière aux tribuns.

Ne pas accomplir la marche de Châlons à Sedan était possible. Mais une fois l'armée réunie, entourée par des forces trois fois supérieures, il était hors de la puissance humaine de ne pas capituler. Les minutes se comptaient. L'armée s'engloutit dans un précipice. Depuis l'Empereur jusqu'au simple soldat, chacun fit son devoir ; on tient tête à la mort, et, comme le gladiateur antique, l'armée tombe sans faiblesse et sans honte ; on combat un contre quatre. Le chef mêle son sang au sang de ses soldats.

A Paris, de longs jours sont donnés à la défense. Les combats sont rares, et jamais, dans les combats, le soldat ne voit près de lui ceux qui gouvernent le pays. Cependant, ces hommes se disaient représentants de la défense nationale. Ils étaient cinq contre deux, fortement abrités derrière des murs. Ils étaient 500,000 hommes armés. Le journal militaire du général Vinoy établit que Paris a capitulé avec une armée de 250,000 hommes valides, sans compter la garde nationale ; diverses dépositions constatent que l'artillerie de siége se montait à plus de 3,000 canons. La population en état de fournir un service actif de guerre était d'au moins 500,000 personnes. Les assiégeants étaient quelquefois 200,000 ; mais souvent une partie de l'armée allemande s'éloignait pour opérer dans les provinces. Pendant que les forts tiennent à distance un ennemi qui sait attendre, l'insurrection et l'orgie souillent les carrefours. Et cette trouée, cette fameuse trouée, que tant de patriotes de chambre reprochent à l'armée de Sedan de n'avoir pas faite, les défenseurs de Paris l'ont-ils faite, eux ? ont-ils forcé, sur un seul point, cette ligne si faible dans son développement de vingt lieues? L'armée ennemie, pendant un mois, n'a pas compté deux cent mille hommes. Les assiégés étaient relativement aux assiégeants dans la proportion sans exemple de trois à un.

Lorsque, plus tard, l'histoire impartiale tracera le récit militaire de la capitulation de Sedan et de la capitulation de Paris, les passions politiques éteintes, la journée de Sedan ne sera plus maudite. Les victimes de cette fatale journée ne seront plus l'objet de l'insulte et de la calomnie.

Mais la capitulation de Paris sera jugée sévèrement par l'historien. N'est-elle pas déjà jugée avec sévérité par ceux qui ont soutenu le siége? C'est le cœur plein d'amertume qu'ils se souviennent de ces journées perdues, de ces rassemblements tumultueux, de ces longs et inutiles discours, de ces bulletins trompeurs, de ces vaines démonstrations militaires.

Cependant nul n'a été assez cruel pour attacher une épithète flétrissante au nom de la ville de Paris. Un sentiment de respect a imposé silence. Le nom de Sedan inspire plus de respect encore. Là, nos pauvres soldats ont été massacrés ; là, les mourants ont jeté un dernier regard vers la France !

Aujourd'hui, la lumière est faite sur ce grand drame de Sedan. On ne conteste plus que, depuis le 17 août, l'Empereur n'avait plus de commandement dans l'armée de Châlons ; on ne croit plus à cette légende odieuse inventée et entretenue par les révolutionnaires, suivant laquelle c'est l'Empereur qui aurait entraîné l'armée de

Châlons loin de Paris en de folles aventures, parce qu'il importait à l'intérêt dynastique que Napoléon III ne rentrât dans sa capitale que vainqueur. L'intérêt dynastique, au contraire, conseillait aux ministres de rappeler sous Paris 150,000 hommes qui eussent contenu tout à la fois et les mouvements populaires et les complots parlementaires; c'est le comte de Palikao qui, par un calcul bien ou mal entendu, mais exclusivement militaire, envoya l'armée de Châlons vers la Meuse, et c'est le maréchal Mac-Mahon qui, à la suite de cette manœuvre qu'il ne m'appartient pas de juger, mais dont *il s'est déclaré* et dont il est réellement le seul auteur, jeta cette armée éperdue dans le cul-de-sac de Sedan. L'Empereur n'est intervenu qu'une fois de sa personne, et sous sa responsabilité exclusive et directe, dans les faits de la guerre. Le 1er septembre, à Sedan, il a pris sur lui de hisser le drapeau parlementaire. Tout était perdu; trois généraux s'étaient succédé dans le commandement avec trois plans contraires; il n'y avait plus d'armée, pas même de régiments; ce n'était pas la déroute, c'était le massacre et le carnage en leur forme la plus hideuse : on marchait, dit le correspondant du *Siècle* (*le Siècle* lui-même), on marchait sur les blessés! Le drapeau parlementaire fut hissé à cette occasion par l'ordre, oui, par l'ordre seul de Napoléon III. Devant les scènes qu'il avait sous les yeux, l'Empereur, la veille encore simple soldat dans son armée, se souvint à la fin qu'il était l'Empereur et qu'à lui seul il serait demandé compte de tant l'horreurs inutiles si, par je ne sais quel scrupule insensé de compétence, il les laissait se continuer une heure de plus. Il commanda, et le carnage s'arrêta.

« J'ai préféré le rôle de soldat à celui de souverain; rien ne me coûtera pour sauver notre patrie [1] », avait dit l'Empereur le 31 août 1870, à la veille de la fatale journée où il devait tomber captif entre les mains de l'Allemagne. Les documents produits depuis cette époque, les témoignages les plus autorisés, les enquêtes parlementaires, le procès qui s'est déroulé, du 27 mars au 2 avril, devant la cour d'assises de la Seine, établissent, pour la portion équitable du public, que ce n'étaient point de vaines et hypocrites paroles. Quel tableau que celui de ce souverain qui, après avoir été par deux fois, en 1856 et en 1859, l'arbitre des destinées de l'Europe, placé tout à coup sous la tutelle plutôt que sous la protection de son plus illustre lieutenant, moins encore soldat que prisonnier dans sa propre armée, témoin impuissant de marches qu'il déconseille, victime d'une politique qu'il n'a pas délibérée et de plan qu'on lui impose, est entraîné, d'étape en étape, à travers l'invasion de son pays, vers de

[1] Proclamation à l'armée.

suprêmes désastres qu'il lui est défendu de conjurer ! Sa soumission à son ministère depuis le 9 août, celle de son ministère au Corps législatif et du Corps législatif à l'opposition de gauche, laquelle, en deux ou trois occasions particulièrement critiques des deux derniers mois de l'Empire, s'est laissé dominer elle-même, on rougit de dire par qui, tout cela ne saurait être peint en termes trop saisissants. L'histoire, en effet, n'offre pas un autre exemple d'un fondateur de dynastie qui, sous la pression d'une opinion publique aveugle contre elle-même, se soit abstenu avec un détachement aussi complet des événements où se décidait l'avenir de sa race. « Je ne sais si nos arrière-neveux, fait remarquer un écrivain d'un grand sens politique[1], ne seront pas plus disposés à s'étonner de cette abnégation qu'à l'admirer et plus disposés encore à la déplorer qu'à l'admirer. Il me suffit, à moi, pour les besoins de ma démonstration, de la signaler et de la constater. »

La France était défaite par la Prusse avant que l'Empereur eût capitulé à Sedan, et ce n'est pas cette capitulation qui pourrait être la faute capitale imputable à l'Empire. La faute capitale est de n'avoir pas établi en France une organisation militaire capable de résister à l'organisation militaire de la Prusse. Sedan n'a été que la conséquence d'une mauvaise situation militaire et financière.

[1] M. Weiss.

Voilà où gît vraiment la faute et où gît la responsabilité. Or cette faute est celle de l'opposition; cette responsabilité appartient à l'opposition. C'est l'opposition qui, entraînant après elle la majorité du Corps législatif et l'opinion, a empêché la réorganisation militaire de la France et imposé, dans le budget de la guerre, des économies à jamais regrettables.

L'imagination se révolte à la pensée de ce qui serait arrivé si l'Empereur, à Sedan, au lieu de faire cesser la lutte, l'avait laissée continuer. Il en serait résulté une effroyable et inutile boucherie. C'eût été contre l'Empereur, en France et sur tous les points du globe, un cri de réprobation et d'horreur qui aurait retenti d'âge en âge jusqu'à la fin des temps. On entend d'ici les cris de vengeance et les anathèmes! « Comment! il n'a pas reculé devant un pareil massacre! il a ordonné de sang-froid l'égorgement forcé de nos enfants et de nos frères! il ne s'est pas rendu! il n'a pas capitulé, lorsque la capitulation sauvait la vie de ses soldats! Mais non! il a préféré à leur précieuse existence le soin de son misérable honneur! il les a sacrifiés à sa dynastie! Il n'a pas voulu qu'on pût dire qu'un Napoléon avait rendu son épée! Il a voulu attacher à sa ruine même une de ces légendes héroïques qui permettent l'espérance et le retour! »

Voilà ce qu'on aurait dit ; voilà ce qu'on aurait crié au seuil de chaque demeure dépeuplée par la faute et l'ambition d'un homme ! et on aurait eu raison ! L'Empereur ne pouvait pas faire autre chose que ce qu'il a fait. La conscience crie qu'on ne fait pas tuer 60,000 hommes pour soi seul et pour son honneur ! La continuation de la bataille eût été un acte de férocité ! Combien eût été sanglante et terrible la responsabilité de l'Empereur !

Ceux qui lui reprochent de ne pas s'être donné la mort qu'il avait cherchée et n'avait pas trouvée oublient que le suicide n'est jamais un devoir pour le soldat, pas plus que pour le simple citoyen et encore moins pour un souverain. C'est presque toujours une action lâche et vulgaire ; nous ne sommes pas libres de disposer de notre vie au gré de nos passions ou de nos intérêts ; nous n'avons pas le droit de nous en délivrer : c'est un droit qui n'appartient qu'à Dieu. Si nous survivons à une lutte dans laquelle nous avons tout fait pour mourir, c'est que notre vie est encore utile aux desseins de Dieu. L'Empereur se donnant la mort sur le champ de bataille de Sedan, c'eût été le courage comme on l'aime en France, comme on l'applaudit au cirque ; c'est le courage qui se drape, le courage bruyant, agité, théâtral, qui se donne en représentation et qui s'affiche. Mais l'Empereur impassible et immobile sur le point le plus culminant et le plus exposé aux feux de l'ennemi, au milieu d'une grêle de fer qui broie tout autour de lui jusqu'à ses côtés, jusqu'à ses pieds ; l'Empereur reculant devant la perspective du massacre certain et sans résultat utile de quatre-vingt mille Français; son âme, plus française que dynastique, préférant à de telles hécatombes une capitulation qui, dans ses pressentiments et dans l'état des esprits en France, peut être la perte de sa popularité et même de sa couronne, c'est le courage muet, sans phrases, sans drame, sans éclat ; c'est le courage du vrai patriotisme qui se dévoue purement et simplement, à la manière des hommes de Plutarque et des martyrs. Ce n'est pas le courage qui plaît aux foules, elles ne le comprennent pas.

Jean le Bon à Poitiers, François Ier à Pavie, Pierre le Grand à Narva, Charles XII à Pultava, Napoléon Ier à Waterloo, les empereurs d'Autriche à Austerlitz, à Solferino et à Sadowa ne se donnèrent pas la mort sur le champ de bataille après l'y avoir cherchée vainement. L'histoire ne les en a pas blâmés ; elle n'a pas eu de blâme non plus pour ceux de ces souverains qui remirent leur épée à leur vainqueur et se constituèrent prisonniers avec leur armée. Les peuples sur lesquels régnaient ces rois ou ces empereurs ne crièrent pas à la honte, à l'ignominie, à la trahison ; ils ne firent pas de révolution. Cependant les vaincus, dans ces journées célèbres, ne furent pas irréprochables;

des corps d'armée tout entiers se débandèrent et prirent la fuite.

A Austerlitz, « les deux empereurs d'Autriche et de Russie, témoins de l'action rapide de l'armée française, s'efforçaient en vain d'arrêter leurs soldats fuyant les deux divisions du corps du maréchal Soult. Ils étaient peu écoutés au milieu de cette confusion, et Alexandre pouvait déjà s'apercevoir que la présence d'un souverain ne saurait valoir, en pareille circonstance, celle d'un bon général... Les Russes n'ont plus, pour s'enfuir, qu'un étroit passage entre Telnitz et les étangs. Les uns s'y précipitent pêle-mêle, y trouvent la mort comme ceux qui les y ont précédés. Les autres parviennent à se retirer par un chemin qu'on a découvert entre les étangs de Satzchan et de Menitz... Les deux souverains de Russie et d'Autriche fuyaient ce champ de bataille, sur lequel ils entendaient les Français crier : *Vive l'Empereur!* Les deux princes couraient rapidement à travers les champs de la Moravie, au milieu d'une obscurité profonde, séparés de leur maison, et exposés à être insultés par la barbarie de leurs propres soldats... « J'avais déjà vu, s'écriait l'un des acteurs de cette scène affreuse, le général Langeron, quelques batailles perdues; je n'avais pas l'idée d'une pareille défaite[1]. »

[1] *Histoire du consulat et de l'empire*, par M. Thiers.

Déjà[1], « le 20 octobre 1805, jour à jamais mémorable, Napoléon, placé au pied du Michelsberg, en face d'Ulm, avait vu défiler sous ses yeux l'armée autrichienne forte de 60,000 hommes. Il occupait un talus élevé, ayant derrière lui son infanterie rangée en demi-cercle sur le versant des hauteurs et vis-à-vis sa cavalerie déployée sur une ligne droite. Les Autrichiens défilaient entre deux, déposant leurs armes à l'entrée de cette espèce d'amphithéâtre.

« A Iéna[2], des 160,000 hommes qui avaient formé l'armée active des Prussiens, il ne restait pas un débris..., 25,000 hommes environ avaient été tués ou blessés, et 100,000 faits prisonniers. Des 35,000 autres, pas un seul n'avait repassé l'Oder. Ceux qui étaient Saxons avaient regagné la Saxe. Ceux qui étaient Prussiens avaient jeté leurs armes et fui à travers les campagnes. On pouvait dire, avec une complète vérité, qu'il n'existait plus d'armée prussienne... Devant la grande place de Magdebourg investie, deux ou trois bombes, jetées en l'air, intimidèrent la population, qui entoura l'hôtel du gouvernement, demandant à grands cris qu'on ne l'exposât pas à d'inutiles ravages, puisque la monarchie prussienne était désormais réduite à l'impossibilité de se défendre. La démora-

[1] *Histoire du consulat et de l'empire*, par M. Thiers.
[2] Idem.

lisation était si complète chez les généraux prussiens, que ces raisons furent tenues pour bonnes, et que, le lendemain de la capitulation de Lubeck, le général Kleist livra Magdebourg avec 22,000 prisonniers... Napoléon enleva tout le matériel de la Prusse en canons, fusils, munitions de guerre... Le second successeur du grand Frédéric se vit sans soldats et sans États.

« Si on veut avoir le secret de cette déroute inouïe, après laquelle les armées et les places se rendaient à la sommation de quelques hussards ou de quelques compagnies d'infanterie légère, on le trouvera dans la démoralisation qui suit ordinairement une présomption folle. Après avoir nié, non pas les victoires des Français, qui n'étaient pas niables, mais leur supériorité militaire, les Prussiens en furent tellement saisis à la première rencontre, qu'ils ne crurent plus la résistance possible et s'enfuirent en jetant leurs armes. Ils furent atterrés, et l'Europe le fut avec eux. »

A Narva, Pultawa, Waterloo, Solferino, Sadowa, les vaincus ont également mérité de graves reproches. Je pourrais montrer leurs défaillances, leurs illusions, leurs erreurs, leur présomption, leur aveuglement, leur imprévoyance. Mais en continuant de telles excursions dans le domaine de l'histoire, je donnerais à la démonstration que j'ai entreprise des développements qu'elle ne comporte pas et dont elle n'a pas besoin. Ce que j'ai dit suffit pour montrer qu'en Europe, dans les coups terribles qui ont successivement frappé les plus grandes nations et dont elles semblaient ne devoir se relever jamais, leurs gouvernements ont eu leur part de responsabilité. Ils ont commis des fautes qui pouvaient les faire considérer, dans une certaine mesure, comme les auteurs même des revers survenus : ils n'ont pas prévu ce qu'ils auraient dû prévoir; ils n'ont pas choisi les chefs militaires qu'ils auraient dû choisir ; ils ont été infatués d'eux-mêmes, aveugles, incapables; des souverains non militaires ont prétendu commander les armées, comme l'empereur Alexandre à Austerlitz; les préparatifs ont été insuffisants... Cependant, les nations, au milieu de leur détresse, n'ont pas récriminé contre leurs gouvernements; elles ne les ont pas diffamés, reniés, renversés; elles ont senti que le patriotisme vrai, sans jactance, leur commandait de se mettre à l'œuvre incontinent et résolûment pour réparer leurs ruines, se régénérer, ressusciter, pour se refaire une patrie, enfin; que, pour réussir dans cette œuvre de réparation et de résurrection, il fallait être tranquille, sûr du lendemain, en pleine sécurité, sans inquiétude, sans préoccupation; elles ont compris que, pour être dans ces conditions de tranquillité et de sécurité, il fallait s'abstenir de toute révolution qui ajouterait aux difficultés, aux angoisses d'une crise nationale les difficultés, les angoisses, les diversions et les divisions d'une crise politique; elles ont eu le pressentiment que si une telle révolution avait lieu, le temps se perdrait en vaines controverses, en stériles agitations, en des compétitions et en des luttes de partis pendant lesquelles, la désorganisation, la décomposition du pays continuant toujours, le pays tomberait en dissolution et sombrerait : elles se sont dit, dès lors, qu'il fallait garder le gouvernement qu'elles avaient, quel qu'il fût, s'unir à lui étroitement, faire cause commune avec lui, travailler avec lui, l'éclairer, le guider, parce qu'à ces époques douloureuses et décisives, cette union seule peut assurer le salut.

Elles se sont ainsi sauvées, parce qu'elles n'avaient pas l'esprit révolutionnaire qui divise, qui, par ses attentats, irrite et met en défiance les uns contre les autres les membres de la même famille nationale; elles ne connaissaient pas cet esprit dont le but, dont l'intérêt est de faire une révolution pour s'emparer du pouvoir, et qui sacrifie à ce but, à cet intérêt, tous les autres intérêts jusqu'à celui de la patrie. Elles n'avaient, dans leur sein, aucun parti épiant les fautes du pouvoir, les malheurs publics, pour les exploiter à son profit, provoquer la chute du gouvernement et se mettre à sa place.

Telle aussi a été la France dans son glorieux passé, aux heures de ses plus grands désastres : elle n'a pas insulté, ni même abandonné ses rois vaincus, quoiqu'elle sût que leurs fautes étaient pour quelque chose dans leurs défaites. A Poitiers, le roi Jean vit ses deux premiers corps d'armée l'abandonner lâchement et s'éloigner en toute hâte du lieu du combat. Ses trois fils aînés, le duc Charles et les comtes Louis et Jean, tournèrent le dos et reprirent le chemin de Chauvigny, suivis de plus de huit cents lances qui « onc n'approchèrent leurs ennemis [1]. » Tout le reste de la bataille du duc de Normandie se débanda. Le duc d'Orléans et sa « grosse bataille » toute saine et entière suivirent le mouvement de retraite des fils du roi, passèrent derrière la bataille que Jean commandait en personne et la laissèrent seule aux prises avec les Anglais.

A Pavie, malgré le premier choc qui fut si meurtrier pour l'armée française, la victoire eût pu encore être disputée, si le duc d'Alençon et les Suisses eussent fait leur devoir; mais ce duc s'enfuit honteusement, entraînant presque toute la gendarmerie de l'aile gauche. Les Suisses, découverts par la fuite d'Alençon et menacés en flanc par les cavaliers impériaux, au lieu de repousser ces cavaliers et de secourir le roi ou les lansquenets, tour-

[1] Froissart.

nèrent le dos à leur tour et prirent en désordre le chemin de Milan. Le lendemain, la France criait : « Aux armes ! » Elle ne songeait pas à rejeter le malheur public sur la lâcheté du duc d'Alençon ; elle ne l'accusait pas, elle n'accusait pas non plus son roi. Un moment, les parlements, encouragés par l'absence de la régente, qui était à Lyon, voulurent envahir le gouvernement, saisir les deniers publics, se substituer à l'autorité royale. Mais le grand parlement, le parlement de Paris, comprit qu'il était indispensable de centraliser la défense. Les plus hardis de ses membres pensaient à convoquer les états généraux, à mettre le chancelier en jugement et à transférer le gouvernement des mains de la duchesse d'Angoulême dans celles du duc de Vendôme, premier prince du sang par la proscription du chef de sa branche et par l'absence, bientôt par la mort du duc d'Alençon. Vendôme, mandé par le parlement à la première nouvelle du désastre, reçut à cet égard les ouvertures de l'évêque de Paris et de plusieurs membres de la cour suprême. Vendôme recula devant une telle responsabilité, représenta, avec beaucoup de sens et de patriotisme, que diviser l'État dans de pareils moments, c'était tout perdre, et, loin de s'installer à Paris, il obéit à l'appel de la régente qui le mandait à Lyon.

Ainsi, le roi Jean, le roi François Ier avaient été vaincus et faits prisonniers dans des batailles où une partie de leur armée avait fait son devoir, où une partie de la noblesse française avait été héroïque, mais où l'autre partie avait pris la fuite ! La France ne se laissa entraîner, à chacune de ces époques, ni aux accusations, ni aux récriminations, ni aux outrages contre son roi, ses princes et ses soldats. Elle n'eut qu'un sentiment, une pensée, un cri : la délivrance du roi !

C'est que le roi, c'était la France! telle était la vieille foi monarchique, tel était l'esprit public d'alors. Le roi et la France ne faisaient qu'un. L'imagination populaire ne savait pas les concevoir distincts l'un de l'autre. Le roi vaincu, c'était la France vaincue; le roi prisonnier, c'était la France prisonnière. La France ne se séparait pas de son roi ; qui touchait à lui touchait à elle; la cause de l'un, c'était la cause de l'autre, c'était la cause de tous les deux. Servir son roi, c'était servir la France ; mourir pour son roi, c'était mourir pour la France ; le soldat mourant criait : « Vive le roi ! » C'étaient là les croyances du temps; elles ont fait la France, que la Révolution a défaite ; elles enfantaient le patriotisme, le dévouement, l'esprit de sacrifice; elles créaient le respect, l'obéissance, la discipline, la fidélité. C'étaient elles qui, devant l'ennemi, lorsque la patrie était vaincue et envahie, faisaient l'union, la force et le salut. L'énergie de la nation ne se dépensait pas contre le roi, contre le gouvernement, pour le miner, le renverser et se mettre à sa place; elle se dépensait tout entière contre l'étranger pour le chasser. La France sentait que la défaite de son roi, la captivité de son roi, c'était sa propre défaite, sa propre captivité, c'était le déshonneur pour elle. Elle n'aspirait qu'à le délivrer, parce que c'était se délivrer elle-même, parce que l'honneur du roi, c'était son honneur. En l'abandonnant, en le reniant, en le diffamant, en le détrônant, en le livrant, elle se fût abandonnée, reniée, diffamée elle-même; c'est elle-même qu'elle eût déshonorée.

L'esprit révolutionnaire a changé tout cela : il a détruit la fiction si conservatrice, la croyance si féconde suivant laquelle la France et le roi, c'est la même chose, c'est comme une seule et même personne indissoluble et indivisible; il a exercé, de la sorte, une influence fatale sur notre esprit public; il a appris aux peuples à se défier des rois; il leur a fait concevoir la possibilité, entre eux, de la désunion et de l'antagonisme; il leur a enseigné que la France et le roi peuvent avoir des intérêts distincts et même contraires et que, dans certains cas, le patriotisme peut consister à servir l'un des deux sans servir l'autre, au détriment de l'autre et même contre l'autre. Un tel enseignement a paralysé le développement des grandes vertus civiques; il a été peu favorable aux grands dévouements, aux grands sacrifices, aux grands caractères ; il est devenu la théorie, l'apologie des ambitieux dans leurs défaillances, leurs défections, leurs trahisons. C'est cette nouvelle morale politique qui, les jours de révolution ou seulement de l'avénement au pouvoir d'un parti nouveau ou d'un nouveau système politique, a fait dire à tant d'hommes politiques ministres, fonctionnaires, généraux, ayant servi les pouvoirs déchus : « Je n'appartiens à aucun parti, à aucune dynastie; je n'appartiens qu'à la France, je n'ai pas le droit de la priver de mes services. » — « Je me dois à mon pays avant de me devoir à une dynastie ; je dois donc continuer de le servir comme fonctionnaire. » — « Je ne suis qu'un soldat; mon épéc se doit à la patrie, quelle que soit la forme de gouvernement; c'est donc mon devoir de la mettre au service du gouvernement nouveau. »

C'est ainsi que, sous tous les gouvernements, sous toutes les dynasties, avec tous les partis, avec toutes les opinions, avec tous les régimes, on est toujours quelque chose sinon quelqu'un, on a toujours un emploi, une fonction, une situation; on n'est plus fidèle à personne, ni à rien ; ni à un roi, ni à un parti, ni à un principe, ni à une opinion. On abandonne tout, on déserte tout, on se dévoue à tout, successivement et tour à tour, au gré des événements et des intérêts. Après le 4 septembre, un officier anglais disait à un général français : « Maintenant que l'empire est tombé, qu'allez-vous faire? » Le général répondit : « Mon épée appartient au pays avant d'appartenir à une dynastie; je vais donc me mettre à la disposition du nouveau gouvernement. » L'officier anglais ajouta : « Chez nous, Anglais, la reine, les princes, la dynastie et le pays, tout cela c'est la même chose; c'est toujours l'Angleterre! »

Voilà comment se sont dépravées nos mœurs publiques! voilà comment, par le spectacle de leurs palinodies, de leurs défaillances, de leur inconsistance, les classes gouvernantes ont perdu l'estime des classes populaires. Celles-ci, dans leur misère et leur ignorance, peuvent-elles conserver des convictions, des croyances, des principes, quand elles voient les classes éclairées et riches changer de convictions, de croyances, de principes, selon leurs intérêts et leurs passions? Elles n'ont plus foi dans les gouvernants et se livrent aux charlatans.

Combien a été funeste et dissolvante cette morale révolutionnaire qui a séparé les peuples de leurs rois, qui a semé entre eux la défiance et la division, qui a appris aux peuples à considérer les rois comme leurs adversaires, comme leurs ennemis nés ! De là, de la part des peuples vis-à-vis des rois, l'esprit d'examen et de contrôle se pervertissant pour livrer passage à l'esprit de dénigrement et de révolte. De là, quand une faute est commise, quand survient un malheur public, au lieu de discuter le fait en lui-même, comme question de conduite, au point de vue de ce qui a été fait ou de ce qu'on aurait dû faire, l'habitude fatale de mettre aussitôt en cause la constitution, le souverain lui-même, sa dynastie, le principe de son gouvernement, son origine... De là, à force d'être discutés, les gouvernements bientôt discrédités, déconsidérés, tombant dans le mépris public et s'effondrant au premier choc, au premier accident; de là, enfin, pendant les guerres malheureuses, au lendemain des grandes catastrophes militaires, l'union, la concentration des efforts, des volontés, non point contre le vainqueur menaçant et envahisseur pour l'expulser et en purger le territoire, mais contre le gouvernement pour l'ébranler, en provoquer la chute et s'en partager les dépouilles!

Tout cela est dans la révolution du 4 septembre; c'est aussi, mais à un degré moindre, dans les autres révolutions.

Pour que cette révolution pût servir, comme ses aînées

et plus que ses aînées, à démontrer que c'est l'esprit révolutionnaire qui est notre ennemi et qui nous tuera si nous ne le tuons, il fallait prouver que la chute de l'Empire n'avait pas eu pour cause l'Empire lui-même, et que ses fautes n'étaient pas de celles qui entraînent les grandes responsabilités. Cette preuve est faite. Je suis à l'aise, maintenant, pour dénoncer toutes les conséquences de la révolution du 4 septembre, tous les maux qu'elle a déchaînés, et tous les enseignements qu'elle renferme. Ce qui importait, pour la démonstration contenue dans ce livre, c'est qu'on ne pût pas être fondé à dire que cette révolution hideuse était inévitable, qu'elle était dans les vœux de la nation, qu'elle était le résultat des fautes de l'Empire, que l'Empire était tombé de lui-même, que le pouvoir était vacant et par terre et qu'il fallait bien que quelqu'un le ramassât. Cela n'est plus soutenable et ne se discute plus.

Voici donc, s'offrant aux méditations des esprits attentifs, une révolution type, c'est-à-dire une révolution sans emprunt à ce qui n'est pas la Révolution, sans alliage de ce qui n'est pas révolutionnaire, sans cause avouable, sans excuse, sans circonstance atténuante, sans masque possible, sans patronage honorable; la voici dans toute sa nudité et sa monstruosité, dans sa personnalité propre et entière, dans sa physionomie fidèle et saisissante, n'étant que le produit de la force et de la trahison, avec ces traits qui n'appartiennent qu'à elle, avec ses seuls instincts, ses seuls attributs, ses seuls éléments constitutifs : le mensonge, l'audace, la violence, la violation du droit et de la loi. C'est elle, la révolution par excellence, la révolution unique dans l'histoire, sans précédent d'aucune sorte, sans analogie chez aucune nation, c'est elle, c'est celle-là qu'il faut étudier, ne jamais perdre de vue, faire toujours poser devant soi comme le modèle le plus ressemblant, le plus éloquent et le plus instructif; c'est elle qui peut le mieux apprendre ce que valent les révolutions, ce qu'elles coûtent et où elles conduisent; c'est elle qui peut le mieux enseigner que, pour que la France vive, il faut que la Révolution meure.

L'heure est venue de choisir : la Révolution continue son œuvre, œuvre de désorganisation, de décomposition, de dissolution ; il faut nous hâter, nous décider, prendre un parti. Plus d'illusions ! plus de phrases ! plus d'infatuation ! plus de rhéteurs ! plus d'Athéniens ! Assez de discours sur la liberté, sur les libertés, sur le libéralisme, sur les garanties constitutionnelles, sur les droits de l'homme et du citoyen, sur les grands principes de 89... Notre société est en train d'en mourir ; aveugle qui ne le voit pas !

soyons des hommes d'action, soyons résolus, agissons, voulons quelque chose, sachons ce que nous voulons; faisons de l'ordre, de l'autorité. C'est le naufrage du principe d'autorité qui est notre mal et dont nous sommes menacés de périr. L'autorité n'est nulle part, elle n'existe plus depuis quatre-vingts ans. Nous l'avons tous tant suspectée, attaquée, calomniée, livrée au mépris public qu'il n'en reste plus rien. Presque toutes nos lois, nos institutions, nos constitutions ont été faites en défiance d'elle et contre elle. Leur principe est la jalousie, et, par habitude, nous continuons contre l'autorité nos défiances, nos attaques comme si elle était encore trop forte, comme si nous n'en avions pas besoin, comme si elle était encore quelque chose, comme si elle subsistait encore. Dans la fausse philosophie démocratique, la vertu n'est que l'âpre revendication du droit, et la race la plus vertueuse est celle qui fait le plus de révolutions. Notre défaut d'esprit politique est tel, que, même après le 4 septembre, même après la Commune, les choses se passent encore dans nos assemblées et dans les classes politiques comme elles se passaient autrefois : c'est à qui sera le plus libéral! Eh bien, je n'hésite pas à dire que, dans l'état de décomposition où nous sommes, si nous ne voulons pas périr, il faut que, pendant toute une génération et peut-être pendant plusieurs générations, nos gouvernants et nos hommes d'État ne jouent plus à qui sera le plus libéral, mais à qui sera le plus autoritaire. Il est sans exemple qu'une société aux abois comme la société française ait jamais été sauvée par la liberté. Les sociétés divisées et décomposées par l'action de partis ne se sauvent que par l'autorité. Que l'autorité devienne donc notre drapeau, notre programme, notre foi! Il n'y a plus qu'une question en politique : ou la mort de la Révolution ou la mort de la France !

C'est la mort de la Révolution qu'il faut poursuivre. Notre salut est à ce prix. Poursuivons donc l'esprit révo lutionnaire partout où il est, partout où il a pénétré. Chassons-le de toutes les avenues qu'il occupe. Il est partout; il est dans notre bourgeoisie, dans nos lois, nos institutions, nos mœurs, nos familles, notre littérature, nos sciences, nos arts, nos écoles, nos lycées, nos facultés, nos chaires, notre enseignement, nos professeurs, notre presse, nos théâtres, notre armée... Il a tout envahi, tout empoisonné. Si à l'âge où la loi militaire prend un jeune homme pour en faire un soldat, si ce jeune homme, à cause de l'éducation qu'il a reçue, des professeurs qu'il a rencontrés, de l'enseignement qu'on lui a donné, du milieu où il a vécu, est déjà un insoumis, un irrespectueux, un frondeur, un indiscipliné, un révolté, il n'y aura ni soldats, ni armées, ni victoires. Il n'y a ni soldats, ni armées, ni victoires, sans l'esprit de soumission, sans le respect, l'obéissance, la discipline. Pour que la loi militaire puisse faire un soldat, il faut que la loi civile lui remette un *sujet* qu'elle ait déjà préparé à cette noble carrière de dévouement et de sacrifice ; il faut qu'elle lui ait appris à croire à quelque chose, à Dieu, à la patrie, à la famille, à l'autorité, au gouvernement, aux supériorités, aux hiérarchies, au droit, à la tradition.

Ainsi, notre devoir, notre tâche est de déloger la Révolution des conquêtes qu'elle a faites, des situations où elle s'est établie, des foyers qu'elle anime et qu'elle corrompt de son esprit ; c'est de la destituer de ses influences, de ses moyens d'action, de ses positions. Pour cela, il faut savoir la reconnaître à ses signes véritables, infaillibles, dans toutes ses manières d'être, dans toutes ses manifestations, afin qu'elle ne puisse pas se dérober, s'échapper et trouver un asile nulle part. Il importe d'apprendre à la découvrir sous tous ses masques, sous toutes ses formes, sous les traits surtout de ce qu'on appelle le *libéralisme*. Il est temps que le libéralisme ne puisse plus tromper personne.

Le libéralisme est la grande école du mépris et de la révolte de l'esprit, et la révolte de l'esprit aboutit tôt ou tard à l'émeute, à la révolte armée. L'arbre une fois planté doit produire ses fruits. Sous prétexte d'agrandir, de perfectionner l'homme, d'assurer sa dignité et son indépendance, la théorie libérale tue, ou, du moins, affaiblit le respect et l'obéissance, c'est-à-dire la vie sociale elle-même. Rien n'élève, n'ennoblit et ne perfectionne l'homme comme le respect et l'obéissance; rien ne l'abaisse et ne le dégrade comme la révolte. Aussi, la loi chrétienne, l'Église, qui est la grande école du respect, place l'esprit de soumission à la base de tout perfectionnement, de tout progrès moral. C'est là la pierre de touche d'une âme fortement trempée, maîtresse d'elle-même, victorieuse de ses passions. Cet esprit, qui est l'esprit chrétien, le libéralisme le méconnaît.

Sans doute, il y a des degrés dans le libéralisme. Le libéralisme de l'opposition constitutionnelle sous la Restauration, le gouvernement de Juillet, l'Empire, n'a pas l'intensité et le débraillé du libéralisme de l'opposition révolutionnaire et radicale; mais si la mesure change, l'espèce est la même. L'honnêteté des modérés n'est qu'un appât de plus pour attirer les chalands et multiplier les dupes. Qu'on administre la théorie libérale à petite dose ou d'une seule pièce, elle n'en est pas moins destructive de toute société organisée. Elle frappe, à la fois et du même coup, la société domestique, la société civile et la société religieuse.

Dans la famille, le respect s'en va, l'obéissance diminue ; c'est l'un des fruits les plus déplorables du libéralisme. Les idées d'indépendance pénètrent au foyer après avoir couru les rues ; les enfants sont libéraux à l'image de leurs pères. On croit que l'esprit d'insubordination dans les enfants n'est que le résultat de la coupable faiblesse des parents. Je ne nie pas cette cause : mais elle n'est que secondaire.

La cause principale est dans cette atmosphère empestée d'insoumission et de révolte produite et entretenue par nos théories libérales. L'enfance ne crée pas une situation et ne change pas les mœurs ; elle ne sait qu'imiter. Le désordre vient de haut, et le courant libéral entraîne le premier âge comme tous les âges. Les pères contrôlent l'autorité des supérieurs dans la société civile, hésitent sur l'obéissance qui leur est due ; les enfants, à leur tour, discutent l'autorité paternelle, s'érigent en petits émeutiers domestiques, en attendant qu'ils aient la force de se montrer en grands émeutiers de la rue. Pourquoi n'auraient-ils pas la liberté de l'exemple de tous les autres ?

Au collége, les libéraux de quinze ans font encore un

meilleur accueil aux idées modernes; il y a progrès sensible. Le libéralisme a pour les collégiens de grandes complaisances, de véritables tendresses. Il leur fait passer ses bons journaux de contrebande et souffle dans tous les coins, à l'étude, en classe, au dortoir, la libre pensée et la libre morale. Aussi, sous l'aile libérale, on y organise des émeutes, on élève quelquefois des barricades, plus d'un pion y sert d'otage; on y siffle les professeurs, on les contrôle, on les juge. Les collégiens ont leurs journées tout comme les héros de Belleville ou de la Croix-Rousse.

Comme on voit, le libéralisme s'accommode des petits et des grands. Mais il réussit encore mieux à tuer le respect et l'obéissance hors de la famille et du collége et après l'âge de l'émancipation. On sait qu'il a, par-dessus tout, horreur de la contrainte, du joug, de ce qu'il appelle la soumission passive. Avant de croire, il raisonne; avant d'agir et d'obéir, il discute. C'est lui qui, dans notre siècle, a établi, sur la plus vaste échelle, la théorie du contrôle, le libre examen et le libre échange des systèmes, des idées et des institutions; il va jusqu'aux plus petits détails, et cite à son tribunal hommes et choses. Jamais inquisiteur ne fit mieux sa besogne. Il emploie à cet usage la parole, la presse, la tribune, les réunions publiques et privées, en un mot, toutes les libertés ou plutôt toutes les licences. Rois, républiques, lois, police, armée, administration, tout y passe ; le droit lui-même, inflexible de sa nature, n'est compté pour rien tant qu'il n'a pas été soumis au creuset et qu'il n'a point subi l'épreuve de la libre discussion.

Qu'arrive-t-il? C'est que le contrôle illimité et sans règle tue l'obéissance. On respecte peu le droit que l'on discute ; on n'obéit guère au pouvoir devenu le jouet de l'homme. Tout libéral est défiant, raisonneur et souverainement desposte parce qu'il se croit juge sans appel. Il est trop ennemi du joug pour aimer et respecter l'autorité ; trop jaloux de ses droits pour s'inquiéter de ses devoirs ; trop fier de sa dignité et de sa souveraineté pour avoir quelque souci de la dignité et de la souveraineté des autres, si haut placés qu'on les suppose.

Si les gouvernements créés par le libéralisme parviennent à se soutenir des mois, quelquefois des années, cela tient à ce fond de respect que l'Église imprime aux peuples pour toute autorité. L'habitude prise dans les siècles chrétiens contient encore la masse dans l'obéissance. En fait, les démolisseurs ne se recrutent pas parmi les bons chrétiens. Mais au train dont nous allons, même le provisoire peut devenir impossible, et le jour où le peuple sera libéral comme ceux qui le mènent, c'en sera fait du respect et de l'obéissance, et il n'y aura plus de pouvoir et de société.

La société religieuse n'est pas mieux traitée par le libéralisme que la société civile et la société domestique : je ne parle pas du libéralisme radical ; on sait que celui-là a la haine de Dieu et de son Église. Il s'agit toujours, dans ce que je dis, du libéralisme modéré qui tient à garder les livrées de la foi et de l'orthodoxie.

Dans l'Église, le chrétien libéral se fait gloire d'être indépendant ; il va à la messe, mais il se donne le droit de malmener ceux qui la lui disent. S'il récite son *Credo*, il se montre défiant, peu respectueux envers ceux qui le lui enseignent. On voit que l'autorité, même la plus sacrée, le gêne, l'irrite. Il admet, non sans restrictions et force distinctions, le magistère suprême et indépendant de l'Église ; il reconnaît la papauté, à condition toutefois qu'elle n'aura que des bénédictions et des approbations pour les choses et les personnes libérales et qu'elle s'inclinera devant le fait accompli et les hautes œuvres de la Révolution.

Le catholique libéral est dans l'Église ce qu'est dans la famille l'enfant indocile. Il est pointilleux, querelleur, hargneux sur tout ce qui contrarie ses goûts, ses aspirations, son programme ou simplement ses caprices ; il ne pousse pas sa mauvaise humeur et sa révolte jusqu'à briser les liens qui le rattachent au centre de l'unité, du moins habituellement; en définitive et sauf exception, il obéit; mais quelle mauvaise grâce dans l'obéissance! Il lui faut une scène et quelquefois du scandale avant l'acte d'obéissance.

Si l'orthodoxie est sauve, la charité, l'humilité et la simplicité de l'obéissance sont gravement atteintes. Ces luttes, ces défaillances, ces scandaleuses récriminations ont le triste inconvénient d'encourager les dissidents et les méchants, et de contrister les bons chrétiens et d'égarer les faibles. Les fidèles s'habituent à contrôler à leur tour l'autorité divine de l'Église, au grand préjudice de leur foi et de leur avancement dans le bien. C'est le libéralisme qui, en s'introduisant dans l'Église avec les excès de son esprit de contrôle et d'examen, y a fait œuvre de révolution, y a semé la division parmi les catholiques et provoqué ces dissidences et ces apostasies qui ne profitent qu'à la Révolution.

Les révolutions sont faites par les libéraux, c'est-à-dire par les oppositions constitutionnelles ou dynastiques de gauche, de centre gauche, de tiers parti. Ce sont les partis extrêmes qui en profitent. Les révolutions ne sont pas à craindre aussi longtemps qu'il n'existe que des partis extrêmes, c'est-à-dire des partis antidynastiques, anticonstitutionnels. Les partis extrêmes ne trompent personne ; on les connaît, on sait ce qu'ils veulent. Ils ne cachent pas leur drapeau ; ils ne protestent pas de leur dévouement, de leur respect pour le gouvernement, pour la constitution, pour la dynastie. Ils disent hautement leur pensée, leurs sympathies, leurs projets. On se tient donc en garde contre eux et il n'y a pas avec eux de surprise possible. On n'est jamais dupe d'un ennemi certain et déclaré ; on peut l'être d'un soi-disant ami : on se défie du premier ; on ne se défie pas du second.

Or, comme l'immense majorité de la nation est toujours dévouée au gouvernement présent, *au fait accompli;* comme elle veut son maintien ; comme elle professe que le meilleur gouvernement est celui qu'elle a, parce qu'elle sait que, pour arriver à celui qu'elle pourrait préférer, il lui faudrait passer par une inconnue qui est une révolution, il s'ensuit que le vrai patriotisme pour elle consiste à conserver, en l'améliorant, le gouvernement qui existe. Il n'y a donc pas à redouter qu'elle se laisse endoctriner et séduire par les partis qu'elle sait vouloir le renversement des pouvoirs établis et qui se proclament eux-mêmes révolutionnaires et irréconciliables. Les orateurs de ces partis ont beau parler, leurs écrivains ont beau écrire, on ne les croit pas. On n'ignore pas qu'au fond de leurs discours, de leurs écrits, il n'y a qu'un but, qu'ils ne dissimulent pas, la Révolution, c'est-à-dire les redoutables éventualités de l'anarchie, du chômage, de la misère, de la dictature. Cela suffit pour que les partis extrêmes rencontrent peu d'adhérents, se recrutent difficilement et restent à l'état de petites minorités sans crédit et ne pouvant inspirer aucune inquiétude.

Le péril commence, la Révolution se montre à l'horizon, elle s'apprête, elle s'avance et son explosion n'est plus qu'une question de temps, dès le jour où apparaissent et se constituent en parti, entre le gouvernement et les partis extrêmes, ceux qui s'appellent les *libéraux*, le *parti libéral*, l'*opposition libérale*, la *gauche*, le *centre gauche*, le *tiers parti*. Les libéraux se posent comme les amis, les défenseurs, les protecteurs du gouvernement, de la constitution, de la dynastie. Ils font de l'opposition au gouvernement, disent-ils, dans son propre intérêt, parce qu'ils l'aiment, parce qu'ils lui sont dévoués, et pour le rendre plus populaire, pour l'améliorer, le consolider.

Seulement, comme le gouvernement ne peut pas leur céder sur tout et toujours, comme il ne peut pas toujours faire des concessions, un moment arrive inévitablement où il résiste, il déclare qu'il ne cédera pas. Les libéraux s'irritent ; la résistance les exaspère ; la lutte, peu à peu, s'envenime et s'aggrave. Les libéraux finissent par attaquer le gouvernement, non plus seulement dans ses actes, mais dans son origine, son principe, sa constitution ; ils prennent à partie le chef de l'État, sa dynastie, sa famille. Le public les croit, les suit, les applaudit, parce qu'il voit qu'ils sont tous ou presque tous des hommes considérables par leurs talents, leurs lumières, leur position sociale, leur fortune ; il voit parmi eux des chefs de cette bourgeoisie, de cette classe conservatrice par excellence qui tient dans ses mains tous les intérêts, et il se dit : « Pour que des hommes aussi intéressés au maintien de l'ordre, à la conservation de ce qui est, et qui ont tout à perdre dans une révolution, se décident à faire de l'opposition, il faut que le gouvernement ait réellement tort et que ses fautes soient réellement graves et blâmables. » Et le public de donner raison aux libéraux et de se mettre à leur suite dans leur lutte contre le gouvernement.

Cette lutte, en continuant, devient une lutte à outrance. Les libéraux, dans leur exaspération, battent en brèche tout ce qui est autorité, tout ce qui est principe de gouvernement. L'opinion les soutient et se déclare de plus en plus en leur faveur. Quand elle est en pleine ébullition, quand les libéraux, par leurs assauts répétés contre tout ce qui a besoin de respect et de prestige, ont fait tomber le gouvernement dans le mépris public; quand, en un mot, la Révolution est prête dans les esprits, les partis extrêmes entrent en scène pour la faire passer dans les faits. Jusque-là, ils s'étaient contentés du second rôle; ils s'emparent du premier. Ils mettent le feu aux matières inflammables préparées et accumulées par les libéraux, et le tour est fait.

Les partis extrêmes n'ont pas une situation sociale suffisante pour inspirer confiance et faire l'œuvre préparatoire de destruction latente et morale à laquelle les libéraux seuls sont propres, à cause de la place qu'ils occupent dans la société. Dans le drame révolutionnaire, les partis extrêmes ne viennent qu'après les libéraux et pour l'exécution de l'œuvre de destruction matérielle.

C'est dans ce sens qu'il est vrai de dire que notre première révolution ainsi que la révolution de 1830, celle de 1848, celle de 1870 ont été faites par les libéraux et non point par les partis extrêmes.

La Révolution, c'est donc aussi le libéralisme, et il faut répéter sans cesse qu'on ne fera rien pour la restauration de la France, qu'on n'aboutira à rien dans l'œuvre à laquelle chacun doit apporter toutes ses forces, tant qu'on n'aura pas constaté que la Révolution est l'origine du mal dont notre société est profondément malade, tant qu'on n'aura pas reconnu que la réforme de l'état moral du pays, créé par la Révolution, est de beaucoup plus importante que toutes les questions de finance, d'armée et d'administration, auxquelles le gouvernement est exclusivement occupé.

Notre régime parlementaire libéral veut qu'il ne s'agisse dans le gouvernement du pays que d'affaires politiques et administratives. On néglige tout le reste; les questions religieuses, les premières dans la vie des peuples ; les questions morales, dont dépendent les lois, sont laissées aux écoles de théologie et de philosophie. On ne fait que de la politique de bureau mêlée d'intrigues parlementaires. Avec un pareil système politique, que nous soyons en république ou en monarchie, jamais nous n'aurons un bon gouvernement, car le gouvernement qui ne sert pas à rendre le peuple meilleur est vain. Aussi les hommes du pouvoir doivent-ils s'occuper avant tout des idées et des mœurs pour les améliorer.

Malheureusement, trop d'hommes publics, même parmi les plus sages, se flattent de régénérer la France avec leurs idées politiques ; beaucoup les croient et se mettent à leur suite. En attendant, la France se perd. Personne encore, dans nos assemblées, n'a fait entendre le discours des principes nécessaires, ce discours qu'on n'a jamais entendu et qui nous manque absolument. La société périt faute de principes et l'on ne parle que de libertés ! Un grand nombre d'hommes, chez nous, ne croient plus en Dieu, ne veulent plus de religion, s'insurgent contre l'autorité, n'admettent plus l'inégalité des conditions, ne connaissent plus le respect et dénoncent, comme des priviléges, Dieu, la famille et la propriété. Cet état des esprits est effrayant; tout s'en va en dissolution et tout croule. Un vent de folie furieuse semble souffler sur la France. Nous ne nous mouvons plus que dans le vertige et par le vertige. Tout s'altère, se divise, se rompt; chaque jour nous inflige un mécompte ; chaque jour, il nous faut nous résigner à perdre une croyance ; nous déchirons sans pitié les restes de notre foi, les lambeaux de notre pays, les débris de notre honneur. Nous souillons notre deuil ; nous aggravons notre misère en nous efforçant de nous prouver qu'elle fut méritée. Nous prenons à tâche de nous enlever nous-mêmes tout droit à la compatissante sympathie de l'Europe. Il n'y a que ruines partout, tout est à terre ou rien ne tient plus.

Le clergé ? il est incessamment signalé au mépris populaire par d'abominables publications, laissées libres ;

La magistrature? on l'insulte dans la longue discussion d'un projet de loi qui avorte ;

L'armée ? on l'accuse, à la tribune et dans des documents parlementaires, d'indiscipline, d'incapacité, de défaillance !

L'administration militaire? on la flétrit en plein parlement et aux applaudissements de toute une assemblée ;

La diplomatie ? elle se recrute parmi les plus incapables, les plus impopulaires, les plus déchus du 4 septembre ;

L'instruction publique? elle tend à supprimer Dieu et toute idée religieuse;

L'ordre matériel ? l'état de siége s'éternise ;

L'autorité, sous toutes ses formes, sous la forme de gouvernement comme sous toutes les autres formes? elle est en butte à toutes les attaques, à tous les soupçons, à tous les outrages ;

L'Empire de Napoléon III ? MM. Thiers, de Broglie, de Rémusat, Dufaure et leurs amis l'appellent « un gouvernement sans liberté et sans moralité ! »

Le gouvernement de Juillet ? MM. Thiers, de Rémusat, Dufaure et leurs amis l'ont appelé « un gouvernement de corrompus, » « la plus honteuse des formes de gouvernement, » « le gouvernement de la peur, » « le gouvernement qui avait la honte ineffaçable d'être venu au monde pour amoindrir la France! »

La Restauration ? MM. Thiers, de Rémusat, Dufaure et leurs amis l'ont appelée « le gouvernement des nobles et des prêtres, appuyé sur le droit divin et sur l'étranger. »

L'Empire de Napoléon Ier ? MM. Thiers, de Rémusat, Dufaure et leurs amis l'ont appelé « le gouvernement du despotisme, » « le règne de la force, » « la dégradation des âmes, » « l'ambition furieuse. »

D'où cette vérité navrante que ce sont les chefs mêmes de la bourgeoisie, c'est-à-dire de la classe la plus essentiellement conservatrice, de la classe dirigeante, qui ont fait l'éducation révolutionnaire des classes populaires : ce sont eux qui leur ont enseigné que tous les gouvernements qu'avait eus la France étaient des gouvernements de coquins!

Comment la bourgeoisie peut-elle ensuite s'étonner que le peuple ne croie plus à la moralité de ses gouvernements et les renverse? n'est-elle pas son institutrice? L'histoire n'offre pas d'exemple d'une classe gouvernante aussi incapable, aussi inintelligente, aussi aveugle que la bourgeoisie. Sous la Restauration, sous le gouvernement de Juillet, sous le second Empire, elle s'est laissé faire libérale ; on lui a fait crier successivement : Vive la Charte!

Vive la réforme électorale! Vivent « les libertés nécessaires ! » Elle voulait le maintien de la monarchie, avec un peu plus de liberté; elle a eu trois révolutions et deux fois la république! Aujourd'hui, elle se laisse faire républicaine modérée; on lui fait demander et elle demande l'*essai loyal* de la république. Elle aura la Commune! Elle ne voit pas que prêcher la république modérée dans les campagnes, dans les multitudes, à des populations sans lien entre elles, en butte à toutes les passions, sur lesquelles l'influence exercée par le gouvernement n'est plus conservatrice, mais révolutionnaire, c'est vouloir récolter la république radicale, c'est assurer l'avénement de la Commune. Dans de tels milieux et en de tels temps, les nuances intermédiaires disparaissent. Si on demande aux populations d'envoyer à l'Assemblée des républicains modérés, elles envoient des radicaux! Aux époques violentes, il n'y a pas place pour les opinions moyennes, pour les moyens termes ; il n'y a pas de juste-milieu. Il faut être : ou pour ce qui personnifie le mieux, en France, l'ordre et la conservation, c'est-à-dire la monarchie; ou pour ce qui personnifie le mieux la Révolution, c'est-à-dire la Commune. Les masses ne comprennent que l'une ou l'autre. Si vous leur parlez de république modérée, de république conservatrice, elles ne comprennent pas et elles se jettent dans la république radicale.

Que la bourgeoisie y prenne donc garde ! si elle ne s'arrête pas dans la voie où elle s'est laissé engager, si elle n'ouvre pas enfin les yeux et si elle ne s'aperçoit pas que, dans notre état de dissolution, la république ne peut être que la Commune, elle est perdue et perd la France. Ce ne sont pas les classes populaires qui perdent les nations ; ce sont les classes gouvernantes. Les classes populaires ne font que traduire brutalement dans l'ordre matériel l'œuvre de décomposition et de révolution préparée par les classes gouvernantes dans l'ordre moral.

On a peine à comprendre comment les hommes du jour qui ont entrepris de relever la France ne tiennent pas compte de ces vérités et ne s'aperçoivent pas qu'ils bâtissent sur une immense démolition. Les fondements sont à refaire ; il faut poser de nouveau les principes. C'était l'œuvre importante, le grand travail de restauration. Les mandataires du salut de la France n'ont rien ou presque rien fait encore d'essentiel. Ils omettent l'objet principal de leur mission. S'ils ouvraient enfin leur intelligence à la lumière, s'ils voyaient les choses de près, telles qu'elles sont, ils comprendraient que dans une nation divisée contre elle-même, avec des hommes qui n'ont plus ni foi religieuse, ni foi politique, ni conviction d'aucune sorte, ni respect de quoi que ce soit, il n'y a d'utilité politique que celle qui travaille à la restauration des principes, et de bon gouvernement que celui qui s'inspire de la nécessité absolue de réformer les idées et les mœurs.

Sans la restauration des principes, des croyances, des traditions, sans la réforme des idées et des mœurs, il faut s'attendre encore une fois à l'intervention d'un *sauveur*. Les *sauveurs*, les *hommes providentiels* sont inévitables chez les nations qui ne savent pas sortir d'un état social comme celui où nous vivons, où plus rien n'est debout de ce qui constitue les assises de toute société humaine; où les idées de Dieu, de patrie, de famille, d'autorité, de propriété, ne rencontrent plus que l'indifférence ou la révolte; où tout est en suspens, tout est à l'*essai*, tout est provisoire, ajourné; où, dès lors, l'imagination populaire n'aperçoit de gouvernement nulle part parce que, pour elle, il n'y a de gouvernement que celui qui s'impose à sa foi par sa forme saisissante, nette, définitive, et à son respect par le prestige d'une origine qui soit le consentement public et universel. L'histoire enseigne que les grands principes, quand ils n'existent plus, sont remplacés par les hommes providentiels.

Plus un peuple a été détrempé par la démocratie, plus il a été labouré et nivelé par les idées égalitaires, plus il est destitué, par conséquent, de classes gouvernantes, de tradition d'État, plus l'impulsion des hommes providentiels, des héros, des grands hommes lui devient fréquemment indispensable. Dans l'intervalle, on vit de leur impulsion, on fait occuper leurs places par des théoriciens et des rêveurs sans esprit de gouvernement, comme sous la première république et sous le directoire, ou par des rhéteurs ou des incapables comme sous la seconde république de 1848, ou par des caricatures théâtrales comme sous la république du 4 septembre 1870. Une grande aristocratie peut se passer d'hommes providentiels, de héros, de grands hommes; elle a, dans son ensemble, la nature héroïque et l'esprit gouvernant; mais s'imaginer qu'en l'absence de toute aristocratie, avec la proscription systématique de tout homme excédant la mesure vulgaire, une société pourra marcher longtemps sans tomber dans la plus anarchique décadence; s'imaginer, en outre, qu'on pourra remplacer l'aristocratie ou les hommes providentiels, les grands hommes, par des comités de parfaits notaires, par des assemblées de médiocres braves gens, vêtus de noir, qui échangeront des propos honnêtes, qui s'amuseront aux intrigues et aux manœuvres parlementaires, qui deviseront sur la liberté et les garanties constitutionnelles, qui feront naïvement des essais de gouvernement, absolument comme si la

France était un corps en parfaite santé, comme si nous étions encore sous la Restauration, sous le gouvernement de Juillet, sous l'Empire, comme si rien n'était changé, c'est l'illusion d'un étroit optimisme, c'est la chimère de la vulgarité !

A ceux donc qui veulent éviter les *sauveurs* et qui veulent, cependant, être sauvés ; à ceux qui veulent que la France soit sauvée autrement que par un homme providentiel, il faut dire : Restaurez les principes, réformez les idées, refaites les mœurs et l'esprit public.

Or cette réforme ne peut se faire que par la guerre à la Révolution. Voilà pourquoi il importe de bien connaître la Révolution, de savoir où elle est, partout où elle est, ce qu'elle est et tout ce qu'elle est ; il faut l'étudier attentivement pour ne pas se tromper sur son identité, pour ne pas s'exposer à passer près d'elle sans la voir, sans la reconnaître, afin de la combattre et de la chasser. C'est cette étude que j'ai entreprise et que je soumets au jugement du public : j'ai voulu l'y préparer par cette *Introduction.*

Depuis 1789, l'anarchie à l'intérieur, la coalition à l'extérieur, voilà le bilan de la Révolution ! Notre France d'aujourd'hui ne vaut pas la France de Louis XVI, après ses réformes pacifiques. A quoi donc nous ont servi nos révolutions ! à quoi nous ont servi la chute de Louis XVI, de Napoléon Ier, de Charles X, de Louis-Philippe, de Napoléon III? A nous diviser, à détruire le respect, la discipline, l'autorité, les traditions, les croyances, les principes..., tous les liens enfin qui unissent entre eux les membres de cette grande famille qui est la nation, qui est la patrie et qui la font gouvernable et viable. Assez donc de révolutions comme cela. C'est la politique d'autorité qui avait fait la France : c'est la politique révolutionnaire qui l'a défaite. Il faut que le règne de la Révolution finisse, ou c'est la France qui finira !

Je me résume :

Toutes les nations ont des alternatives de victoires et de défaites, de grandeur et de décadence, de prospérité et de misère, de progrès et d'ignorance, de puissance et de faiblesse. Ainsi l'a voulu Dieu dans sa justice et sa bonté. Le contraire eût été une œuvre d'iniquité.

S'il était entré dans les desseins de Dieu qu'il pût se rencontrer des peuples toujours victorieux, toujours puissants, toujours prospères, comme aussi des peuples toujours vaincus, toujours malheureux, le monde aurait manqué d'équilibre.

On aurait vu des peuples qui, dans l'ivresse de leurs

triomphes toujours renaissants et de leur toute-puissance toujours grandissante, n'auraient plus redouté les inconstances de la fortune; leur ambition et leur orgueil n'auraient plus connu de bornes. Ne doutant jamais du succès, toujours sûrs d'être les plus forts, ils auraient tout osé, ils n'auraient reculé devant aucun excès, devant aucun attentât. Ils seraient devenus, ils seraient restés les tyrans, les oppresseurs des autres peuples.

Au contraire, dans la vie des nations, telle que Dieu l'a faite et que l'histoire la montre, aucune n'est exempte de cruels mécomptes et de cruelles épreuves. Toutes traversent alternativement des jours de gloire et de mauvais jours. Cela signifie, comme enseignement, que, lorsqu'elles sont en pleine prospérité, elles ne doivent pas s'infatuer d'elles-mêmes et doivent se rappeler qu'à chaque instant cette prospérité peut cesser pour faire place aux plus effroyables catastrophes. De même, lorsque les événements les ont précipitées dans les abîmes, elles ne doivent pas se décourager et doivent se souvenir qu'avec de l'énergie, de la conduite, et en se régénérant, elles peuvent recouvrer leur grandeur et leur rang dans le monde.

Les nations infatuées, comme la France, ne s'imaginent pas être des nations comme les autres; elles ne croient pas que leur honneur soit de la même nature que l'honneur des autres. Elles se figurent volontiers que leur honneur est d'une qualité particulière, qu'il est plus sensible, plus délicat, plus ombrageux, plus fier, plus chatouilleux que l'honneur comme l'entend le reste du monde.

Aussi, dans leur amour-propre et leur dédain, elles admettent bien que les autres nations puissent être vaincues sans être déshonorées, mais elles ne l'admettent pas pour elles-mêmes. Avec l'opinion qu'elles ont de leur supériorité, de leur invincibilité, il leur semble que, pour elles, tout échec est impossible ou que tout échec est le déshonneur. Ce qui n'est pas une humiliation pour les autres est une humiliation pour elles ; il faut qu'on ait pour elles une considération spéciale ; elles ont droit à un traitement à part : il ne leur viendrait jamais à l'esprit qu'elles peuvent se rencontrer, dans une lutte, en présence d'une nation qui leur soit supérieure ou même qui soit leur égale. Elles ne comprennent pas, elles n'entrevoient pas, avec plus de vanité que de patriotisme, que la victoire puisse se déclarer contre elles. Il plaît davantage à leur infatuation de croire et de dire qu'elles ont été surprises et trahies. Toute idée d'une défaite possible est si loin de leur imagination qu'on a pu dire d'elles, chaque fois qu'une guerre éclate, qu'elles partent pour la victoire et non point pour la guerre.

Les batailles perdues ne les éclairent pas et ne leur font pas avouer qu'elles sont vaincues. Elles reculent devant cet aveu et devant une paix nécessaire et inévitable. Elles aiment mieux s'engager dans une guerre à outrance, jusqu'à l'épuisement et la ruine. Quand elles font la paix, elles sont terrassées, presque expirantes, à la discrétion de leurs vainqueurs. Elles sont si épuisées par la lutte, si mutilées, si ruinées par les conditions de la paix qu'elles ont si criminellement retardée jusque-là, elles sont si près d'une décomposition et d'une dissolution définitives et irremédiables, qu'il leur faut de longues années, beaucoup d'années, pour renaître, se reconstituer et préparer le jour suprême et terrible des représailles.

Telle a été la France en 1870-1871.

Telles ne sont pas les nations véritablement sages et patriotiques; elles ne s'entretiennent pas d'illusions; elles savent, dans leur premiers échecs, reconnaître leur infériorité; elles voient que la continuation de la guerre ne serait que la continuation de cette infériorité. Elles sentent qu'il faut se hâter de faire la paix pour que, tout de suite et sans perdre un seul jour, les efforts de tous s'appliquent à faire disparaître les causes de cette infériorité, parce que plus tôt aura cessé cette infériorité, plus tôt la guerre pourra recommencer dans des conditions nouvelles et meilleures. Elles font la paix avant d'être anéanties ; elles se hâtent de la faire afin qu'elle soit moins onéreuse et qu'elle les laisse encore assez fortes pour qu'elles n'aient pas besoin de consacrer un trop long temps à l'œuvre de leur reconstitution et de leur résurrection. Elles savent que les nations peuvent être vaincues et leur honneur rester sauf. Elles savent que leur honneur ne se compose pas seulement de ce qu'elles ont été, de la conduite qu'elles ont tenue à certains jours, à certaines époques de leur existence, mais de ce qu'elles ont été, de la conduite qu'elles ont tenue à toutes les époques, dans tous les temps. Elles ne sont pas jugées d'après leurs défaites, leurs malheurs, leur déchéance de tel jour, de telle époque, non plus d'après leurs victoires, leur puissance, leur gloire de tel autre jour, de telle autre époque. Elles sont jugées d'après l'ensemble de toute leur existence, par la comparaison, entre eux, des divers événements, des divers faits qui constituent leur histoire, leur personnalité, et non point d'après certains événements, certains faits pris isolément et séparément. Quand elles sont malheureuses, elles ne doivent donc pas se laisser aller au découragement, au désespoir ; leur devoir est de se mettre à l'œuvre aussitôt pour réparer leurs ruines, pour se régénérer, pour avoir la force, un jour, de recouvrer ce qu'elles ont perdu et de reconquérir l'estime du monde.

Les Romains ont eu leurs jours de revers; ils ont eu leurs désastres, leurs douleurs; il avait semblé, à ces heures suprêmes, que c'en était fait de leur grandeur et de leur existence même : ils se sont relevés cependant. Leur gloire est revenue. Ils ont laissé, dans l'histoire, la réputation d'un grand peuple et l'exemple de grandes vertus.

La France, après Crécy, Azincourt, Poitiers ; après la bataille d'Oudenarde et la perte de Lille et de la Flandre; après 1814 et 1815, la France semblait une nation finie : on eût dit qu'elle avait disparu à tout jamais du théâtre des grandes luttes des grandes nations. Elle ressuscita.

L'Autriche, la Prusse... ont eu aussi leurs temps de détresse et d'agonie. On croyait à leur décadence, à leur chute définitive et irrévocable. Elles ont ressuscité ; elles ont repris leur rang parmi les grandes puissances.

Ainsi, toutes les nations, après des batailles perdues, après des catastrophes sans exemple, se sont reconstituées, se sont refaites. Pourquoi?

C'est que toutes, dans leurs malheurs, se sont unies étroitement à leur gouvernement pour travailler avec lui à la reconstitution et au salut de la patrie. Leur objectif n'a pas été le gouvernement et son renversement par une révolution. La haine qu'elles avaient au cœur, ce n'était pas la haine du gouvernement, c'était la haine de l'étranger. Elles n'avaient pas l'esprit révolutionnaire qui divise, qui énerve et qui rend impossible tout action commune. Voilà pourquoi elles se sont toutes sauvées.

Elle seule, la France, ne se sauvera peut-être pas! Elle ne se sauvera peut-être pas parce que le virus révolutionnaire est dans son sein et dans son sang; elle ne se sauvera que si elle se sauve de la Révolution!

Elle est la proie des partis qui la déchirent et qui la souillent. Aucune nation n'en compte un aussi grand nombre. Ce qu'ils rêvent, ce n'est pas la revanche contre la Prusse; c'est leur propre triomphe. Aux premiers coups de tonnerre de Wissembourg, de Reichshoffen, de Sedan, leur cri de colère et de vengeance n'a pas été contre la Prusse, mais contre le gouvernement. Ils ne sont pas accourus près du gouvernement pour s'unir résolûment à lui, se serrer autour de lui et montrer à l'ennemi, par cette union, qu'il n'aurait pas pour auxiliaires et pour complices la guerre civile et la Révolution. Ils ont fait une révolution et provoqué la guerre civile! Ils ne travaillent pas à l'œuvre de réparation et de régénération qui seule peut assurer notre résurrection; ils travaillent pour eux-mêmes et pour eux seuls : les républicains, pour la république; les légitimistes, pour le comte de Chambord;

les orléanistes, pour le comte de Paris ou le duc d'Aumale ; les impérialistes, pour Napoléon III ; les communeux, pour la Commune... Ce qui préoccupe, ce qui inquiète chaque parti, ce n'est pas la Prusse : c'est pour le républicain, le monarchiste ; pour le monarchiste, le républicain ; pour l'orléaniste, le légitimiste ; pour le légitimiste, l'orléaniste...

Enfin, pour tout dire, sans la révolution du 4 septembre, nous n'aurions pas perdu deux provinces, nous n'aurions eu à payer que deux milliards, nous n'aurions eu qu'une crise nationale, nous aurions eu en moins une crise politique ; nous aurions mis, depuis deux ans, toute notre âme, toutes nos forces, toute notre vitalité à réparer nos ruines, à nous refaire, à nous préparer pour le jour de la lutte contre l'étranger. Au lieu de cela, il nous a fallu, il nous faut nous épuiser à lutter contre la Révolution, contre notre ennemi intérieur, contre nous-mêmes ! Il nous a fallu, il nous faut dépenser notre énergie à combattre le mal révolutionnaire qui nous consume, avant de pouvoir songer à combattre le mal qui menace notre indépendance. La Révolution nous condamne à passer notre temps à nous armer contre elle, tandis que c'est à nous armer contre nos vainqueurs que toute notre vie, toutes nos heures devraient être consacrées.

Jamais nation vaincue, ruinée, déchue n'offrit un spectacle aussi lamentable! Nulle part aussi, comme en France, la Révolution n'a rencontré un tel culte, une telle soumission et comme une patrie!

Plus se prolonge, en France, le règne de la Révolution, plus augmente la décomposition sociale. Toutes les forces vives et conservatrices du pays se désagrégent, s'émiettent, se perdent. Elles peuvent se trouver, un jour, sans lien entre elles, désorganisées, désarmées en face de la Commune. Il faut couper court à un mal aussi destructeur. Il faut combattre et détruire la Révolution. Que ce soit désormais notre *Delenda Carthago!* La France, avec la Révolution, c'est la fin de la France : *finis Franciæ!*

Périsse donc la Révolution et vive la France!

J'écris ces pages presque sans illusion et sans espoir. Sous l'Empire, je n'ai pas été écouté quand je disais déjà, à cette époque, aux conservateurs : « Défiez-vous de la tranquillité de la rue ; ne vous endormez pas dans votre prospérité matérielle ; l'apaisement n'est qu'à la surface. L'anarchie est dans les intelligences ; les passions les plus sauvages, les doctrines les plus perverses ont pénétré jusque sous les couches sociales les plus profondes. La décomposition morale est à son comble. Tout est prêt pour que, sous le coup de la première faute grave commise par le gouvernement, sous le coup du premier grand malheur public venant s'abattre sur le pays, tout prenne feu et un immense incendie éclate. Alors, encore une fois, on aura le spectacle des masses conservatrices sans cohésion, sans organisation, sans direction, étrangères les unes aux autres, surprises et vaincues par les minorités révolutionnaires... Opposez donc à la Révolution, l'union, l'action, la résolution. Formez un grand parti conservateur, un grand parti de gouvernement qui ait sa discipline, ses comités, ses réunions, ses candidats, qui ait une existence permanente et qui lui soit propre, qui soit indépendant du gouvernement et qui puisse sauver la société et sauver même le gouvernement de lui-même, c'est-à-dire de ses tendances révolutionnaires et socialistes... »

... Je dis encore aujourd'hui aux mêmes conservateurs : « Défiez-vous du calme qui a succédé à l'émeute et qui n'est qu'une suspension d'armes. Défiez-vous du *pacte de Bordeaux*, qui est un pacte avec la Révolution. C'est ce pacte qui a rendu aux révolutionnaires leur popularité et leur force, que leur avaient fait perdre leur incapacité pendant la guerre et leur complicité dans la Commune. C'est ce pacte qui les a fait maintenir dans les ministères, dans les préfectures, dans les parquets, dans toutes les administrations, pour que les électeurs si nombreux, qui votent toujours conformément à l'opinion des autorités locales qu'ils ont sous les yeux, votent pour des candidats républicains en voyant que leurs autorités locales sont républicaines. Défiez-vous encore de ceux qui s'appellent le *centre gauche*. Le centre gauche n'est pas une opinion, c'est une attitude ; c'est le parti des ambitieux qui se tiennent entre le gouvernement et les partis extrêmes pour être les héritiers présomptifs et immédiats du pouvoir. Ils sont conservateurs pour la conservation de leurs intérêts matériels, et ils sont libéraux pour être populaires. Ils entre-bâillent la porte aux oppositions plus avancées, et c'est la Révolution qui entre et qui prend ses positions. Ce sont des Necker rajeunis qui perdent toutes les causes : ils ont successivement préparé le terrain pour le 21 janvier et la Terreur, pour la révolution de 1830, pour celles de 1848 et de 1870... Soyez donc unis, associés, coalisés, organisés contre tout cela, car tout cela, c'est la Révolution. Que votre organisation s'étende sur toute la France comme un immense réseau enveloppant de ses mailles étroites tous les centres de population, toutes les communes, tous les intérêts... Dépouillez le vieil homme; brûlez ce que vous avez adoré; proclamez hautement, publiquement qu'il ne s'agit plus d'être libéral, mais autoritaire; dites que les sociétés en dissolution ne se sauvent que par l'autorité; elles ne se sauvent jamais par la liberté. Dites que le libéralisme sorti de la révolution de 1789 et des Chartes de 1814 et 1830 n'a jamais été que la fissure à travers laquelle ont passé toutes nos révolutions; dites que pendant longtemps, pendant très-longtemps, la France, dans l'état où elle est, ne doit être conduite que par des gouvernements d'autorité; ce n'est que par l'autorité qu'on refait le tempérament et les mœurs d'un peuple. Dites qu'il ne faut plus de libertés parlementaires, de droit de réunion, de liberté de la presse dans le sens des législations de la Restauration et du gouvernement de Juillet. Dites que gouverner désormais doit consister à reprendre et à développer les réformes commencées par Louis XVI et interrompues par la Révolution...

« Mais pour dire cela dans un pays d'Athéniens, il faut du courage : ayez ce courage! Ne pensez plus à votre popularité; pensez à votre patrie!

« Dites qu'en France, il n'y a que deux sortes de gouvernements qui puissent être des gouvernements d'autorité :

« Ou le gouvernement de la branche aînée des Bourbons, le seul qui soit sans alliage révolutionnaire; le seul qui puise son droit en lui-même, qui ne relève que de lui-même, qui ne doive rien à personne. Son droit vient de Dieu; il ne relève que de Dieu; il ne doit qu'à Dieu;

« Ou le gouvernement des Napoléon, gouvernement révolutionnaire, mais en même temps le seul dompteur de la Révolution; celui de tous les gouvernements qui, dans ce siècle, a fait le plus d'ordre, d'autorité et de prospérité.»

La bourgeoisie française, si imprévoyante, si au-dessous de ses devoirs de classe dirigeante, a beau sourire de dédain et d'incrédulité. Elle n'y voit pas plus loin, en politique, que ses comptoirs et ses boutiques. Elle n'y voit clair qu'à travers la clarté du pétrole. Le pétrole éteint, elle n'y voit plus.

Elle y verra clair encore une fois, le jour suprême, prochain peut-être, où la question se posera brutalement entre ceux qui veulent couper les têtes et ceux qui veulent les conserver, entre ceux qui veulent l'incendie, le pillage et ceux qui veulent la sécurité et le respect de la propriété. Ce jour-là (Dieu veuille que ce ne soit pas trop tard!) elle ne parlera plus de parti libéral, de parti conservateur libéral, de France centre gauche, de garanties constitutionnelles... Elle se jettera, affolée, dans les bras d'un Bourbon ou d'un Napoléon !

Pour les peuples en péril, sans espoir, éperdus devant le naufrage qui va les engloutir, le gouvernement qu'ils appellent, qu'ils acclament, auquel ils se cramponnent en s'écriant : Sauvez-moi ! c'est le gouvernement qui leur apparaît comme un radeau sauveur et providentiel.

Ce radeau sauveur, pour la France, sera le gouvernement d'Henri V ou le gouvernement de Napoléon III !

PARIS. — IMP. SIMON RAÇON ET COMP., RUE D'ERFURTH, 1

PARIS. — IMP. SIMON RAÇON ET COMP., RUE D'ERFURTH, 1.

www.ingramcontent.com/pod-product-compliance
Ingram Content Group UK Ltd.
Pitfield, Milton Keynes, MK11 3LW, UK
UKHW012226240726
13966UKWH00003B/966

9 782011 617606